ОД ТАМЕ ДО ВЛАСТИ: 40 дана до ослобађања од скривеног стиска таме

Глобална молитва о свести, ослобођењу и моћи

За појединце, породице и нације спремне да буду слободне

Од стране

Захаријас Годсигл ; амбасадор Мандеј О. Огбе и Комфорт Лади Огбе

Zacharias Godseagle; Ambassador Monday O. Ogbe and Comfort Ladi Ogbe

Sadržaj

О књизи – ОД ТАМЕ ДО ВЛАСТИ 1
Текст на задњој корици 3
Медијска промоција од једног пасуса (штампа/е-пошта/рекламни текст) 4
Посвећеност 6
Захвалнице 7
Читаоцу 8
Како користити ову књигу 10
Предговор 13
Предговор 15
Увод 16
ПОГЛАВЉЕ 1: ПОРЕКЛО МРАЧНОГ КРАЉЕВСТВА 19
ПОГЛАВЉЕ 2: КАКО МРАЧНО КРАЉЕВСТВО ДАНАС ФУНКЦИОНИШЕ 22
ПОГЛАВЉЕ 3: УЛАЗНЕ ТАЧКЕ – КАКО СЕ ЉУДИ НАВЕЗУЈУ 25
ПОГЛАВЉЕ 4: МАНИФЕСТАЦИЈЕ – ОД ПОСЕДСТВА ДО ОПСЕСИЈЕ 27
ПОГЛАВЉЕ 5: МОЋ РЕЧИ – АУТОРИТЕТ ВЕРНИКА 29
ДАН 1: КРВНЕ ЛОЗЕ И КАПИЈЕ — РАСКИНУТИ ПОРОДИЧНЕ ЛАНЦЕ 32
ДАН 2: ИНВАЗИЈЕ СНОВА — КАДА НОЋ ПОСТАНЕ БОЈНО ПОЉЕ 35
ДАН 3: ДУХОВНИ СУПРУЖНИЦИ — НЕСВЕТИ ЗАВЕЗИ КОЈИ ПОВЕЗУЈУ СУДБИНЕ 38
ДАН 4: ПРОКЛЕТИ ПРЕДМЕТИ – ВРАТА КОЈА СКРВНАВЕ . 41
ДАН 5: ОЧАРАНА И ПРЕВАРЕНА — ОСЛОБАЂАЊЕ ОД ДУХА ПРОРИТАЊА 44
ДАН 6: КАПИЈЕ ОКА – ЗАТВАРАЊЕ ПОРТАЛА ТАМЕ 47
ДАН 7: МОЋ ИЗА ИМЕНА — ОДРИЦАЊЕ НЕСВЕТИХ ИДЕНТИТЕТА 50
ДАН 8: РАЗОБЛИКОВАЊЕ ЛАЖНЕ СВЕТЛОСТИ — ЗАМКЕ ЊУ ДОБА И АНЂЕЛСКЕ ОБМАНЕ 53

ДАН 9: ОЛТАР КРВИ — ЗАВЕТИ КОЈИ ЗАХТЕВАЈУ ЖИВОТ 56
ДАН 10: НЕПЛОДНОСТ И СЛОМЉЕНОСТ — КАДА УТРОБА ПОСТАНЕ БОЈНО ПОЉЕ 59
ДАН 11: АУТОИМУНИ ПОРЕМЕЋАЈИ И ХРОНИЧНИ УМОР — НЕВИДЉИВИ РАТ УНУТРА 62
ДАН 12: ЕПИЛЕПСИЈА И МЕНТАЛНА МУКА — КАДА УМ ПОСТАНЕ БОЈНО ПОЉЕ 66
ДАН 13: ДУХ СТРАХА — РАЗБИЈАЊЕ КАВЕЗА НЕВИДЉИВЕ МУКЕ 69
ДАН 14: САТАНСКИ ОБЕЛЕЖАЈИ — БРИСАЊЕ НЕЧАСНОГ ЖИГОТА 72
ДАН 15: ЦАРСТВО ОГЛЕДАЛА — БЕКСТВО ИЗ ЗАТВОРА ОДРАЗАЈА 75
ДАН 16: РАСКИД ВЕЗОВА РЕЧНИХ ПРОКЛЕТВИ — ПОВРАЋАЊЕ СВОГ ИМЕНА, СВОЈЕ БУДУЋНОСТИ 79
ДАН 17: ОСЛОБАЂАЊЕ ОД КОНТРОЛЕ И МАНИПУЛАЦИЈЕ 83
ДАН 18: СЛОМИТИ МОЋ НЕОПРАШТАЊА И ГОРЧИНЕ.... 87
ДАН 19: ИСЦЕЉЕЊЕ ОД СРАМА И ОСУДЕ 90
ДАН 20: КУЋНО ВРАЋЕЊЕ — КАДА ТАМА ЖИВИ ПОД ИСТИМ КРОВОМ 93
ДАН 21: ЈЕЗАВЕЉИН ДУХ — ЗАВЕДЕЊЕ, КОНТРОЛА И РЕЛИГИОЗНА МАНИПУЛАЦИЈА 97
ДАН 22: ПИТОНИ И МОЛИТВЕ — СЛОМИТИ ДУХ ОГРАНИЧЕЊА 101
ДАН 23: ПРЕСТОЛОВИ БЕЗАКОЊА — РУШЕЊЕ ТЕРИТОРИЈАЛНИХ УТВРЂЕЊА 104
ДАН 24: ФРАГМЕНТИ ДУШЕ — КАДА ДЕЛОВИ ТЕБЕ НЕДОСТАЈУ 107
ДАН 25: ПРОКЛЕТСТВО ЧУДНЕ ДЕЦЕ — КАДА СЕ СУДБИНЕ ЗАМЕНЕ НА РОЂЕЊУ 110
ДАН 26: СКРИВЕНИ ОЛТАР МОЋИ — ОСЛОБАЂАЊЕ ОД ЕЛИТНИХ ОКУЛТИЧКИХ ЗАВЕТА 113

ДАН 27: НЕЧУДНИ САВЕЗИ — СЛОБОДНО ЗИДАРСТВО, ИЛУМИНАТИ И ДУХОВНА ИНФИЛТРАЦИЈА 116
ДАН 28: КАБАЛА, ЕНЕРГЕТСКЕ МРЕЖЕ И МАМЉИВОСТ МИСТИЧНЕ „СВЕТЛОСТИ" 120
ДАН 29: ИЛУМИНАТСКИ ВЕО — РАЗОБЛИКОВАЊЕ ЕЛИТНИХ ОКУЛТНИХ МРЕЖА 123
ДАН 30: ШКОЛЕ МИСТЕРИЈА — ДРЕВНЕ ТАЈНЕ, МОДЕРНО РОПСТВО 126
ДАН 31: КАБАЛА, СВЕТА ГЕОМЕТРИЈА И ЕЛИТНА СВЕТЛОСНА ОБМАНА 130
ДАН 3 2: ЗМИЈСКИ ДУХ У НАМА — КАДА ОСЛОБОЂЕЊЕ ДОЛАЗИ ПРЕКАСНО 134
ДАН 33: ЗМИЈСКИ ДУХ У НАМА — КАДА ОСЛОБОЂЕЊЕ ДОЛАЗИ ПРЕКАСНО 138
ДАН 34: МАСОНИ, ЗАКОНИЦИ И ПРОКЛЕТСТВА — Када братство постане ропство 142
ДАН 35: ВЕШТИЦЕ У ВЕСТНИЧКИМ КЛУПАМА — КАДА ЗЛО УЂЕ КРОЗ ВРАТА ЦРКВЕ 146
ДАН 36: КОДИРАНЕ ЧАРОЛИЈЕ — КАДА ПЕСМЕ, МОДА И ФИЛМОВИ ПОСТАНУ ПОРТАЛИ 150
ДАН 37: НЕВИДЉИВИ ОЛТАР МОЋИ — СЛОБОДНИ ЗИДАРИ, КАБАЛА И ОКУЛТНЕ ЕЛИТЕ 154
ДАН 38: ЗАВЕТИ У МАТЕРИЦИ И ВОДЕНА ЦАРСТВА — КАДА СЕ СУДБИНА ОСКРНАВИ ПРЕ РОЂЕЊА 158
ДАН 39: КРШТЕЊЕ ВОДОМ У РОПКОВСТВО — КАКО Одојчад, ИНИЦИЈАЛИ И НЕВИДЉИВИ ЗАВЕТИ ОТВАРАЈУ ВРАТА 162
ДАН 40: ОД ИСПОРОЂЕНОГ ДО ИСПОРОЂИОЦА — ВАШ БОЛ ЈЕ ВАШЕ ОДРЕЂЕЊЕ 166
360° ДНЕВНА ОБЈАВА ОСЛОБОЂЕЊА И ВЛАСТИ – 1. део .. 169
360° ДНЕВНА ОБЈАВА ОСЛОБОЂЕЊА И ВЛАСТИ – 2. део .. 171
360° ДНЕВНА ОБЈАВА ОСЛОБОЂЕЊА И ВЛАСТИ - 3. део ... 175
ЗАКЉУЧАК: ОД ОПСТАНКА ДО СИНОВСТВА — ОСТАТИ СЛОБОДАН, ЖИВЕТИ СЛОБОДНО, ОСЛОБАЂАТИ ДРУГЕ ... 179
Како се поново родити и започети нови живот са Христом 182

Мој тренутак спасења 184
Потврда о новом животу у Христу 185
ПОВЕЖИТЕ СЕ СА БОЖЈИМ СЛУЖБЕНИМА ОРЛА 186
ПРЕПОРУЧЕНЕ КЊИГЕ И РЕСУРСИ 188
ДОДАТАК 1: Молитва за препознавање скривеног врачања, окултних пракси или чудних олтара у цркви 204
ДОДАТАК 2: Протокол о одрицању од медија и чишћењу 205
ДОДАТАК 3: Слободно зидарство, Кабала, Кундалини, Вештичарење, Скрипта окултног одрицања 206
ДОДАТАК 4: Водич за активацију уља за помазање 207
ДОДАТАК 6: Видео ресурси са сведочанствима за духовни раст 208
ЗАВРШНО УПОЗОРЕЊЕ: Не можете се играти са овим 209

Страница са ауторским правима

О Д ТАМЕ ДО ВЛАСТИ: 40 дана до ослобађања од скривеног стиска таме – Глобална молитва о свести, ослобођењу и моћи,

аутор Захаријас Годсигл , Comfort Ladi Огбе & Амбассадор Мондаи О. Огбе

Ауторска права © 2025. Захаријас Годсигл и Божја служба за орлове – GEM.

Сва права задржана.

Ниједан део ове публикације не сме се репродуковати, чувати у систему за претраживање или преносити у било ком облику или на било који начин — електронски, механички, фотокопирањем, снимањем, скенирањем или на други начин — без претходне писмене дозволе издавача, осим у случају кратких цитата садржаних у критичким чланцима или рецензијама.

Ова књига је дело публицистике и религиозне фикције. Нека имена и идентификациони детаљи су измењени ради заштите приватности где је то било потребно.

Цитати из Светог писма су преузети из:

- *Нови живи превод (NLT)* , © 1996, 2004, 2015 Фондација Тиндал Хаус. Користи се уз дозволу. Сва права задржана.

Дизајн корица: GEM TEAM
Унутрашњи распоред од стране GEM TEAM-а
Објавили:
Захаријас Годсигл и Божји Игл Министриз – ГЕМ
www.otakada.org [1] | ambassador@otakada.org
Прво издање, 2025.
Штампано у Сједињеним Америчким Државама

---

1. http://www.otakada.org

О књизи – ОД ТАМЕ ДО ВЛАСТИ

ОД ТАМЕ ДО ВЛАСТИ: 40 дана до ослобађања од скривеног стиска таме - *Глобална молитва свести, ослобођења и моћи - За појединце, породице и нације спремне да буду слободне* није само побожност — то је 40-дневни глобални сусрет ослобођења за **председнике, премијере, пасторе, црквене раднике, директоре, родитеље, тинејџере и сваког верника** који одбија да живи у тихом поразу.

Ова снажна 40-дневна побожност бави се *духовним ратом, ослобођењем од предачких олтара, прекидањем веза душа, разоткривањем окултизма и глобалним сведочанствима бивших вештица, бивших сатаниста* и оних који су превазишли силе таме.

Без обзира да ли **водите земљу**, **пасторујете цркву**, **водите посао** или **се борите за своју породицу у молитвеној соби**, ова књига ће разоткрити оно што је било скривено, суочити се са оним што је било игнорисано и оснажити вас да се ослободите.

40-дневна глобална молитва о свести, ослобођењу и моћи
На овим страницама суочићете се са:

- Клетве крвних лоза и завети предака
- Духовни супружници, морски духови и астрална манипулација
- Слободно зидарство, Кабала, буђења кундалини и олтари врачања
- Посвећења деце, пренаталне иницијације и демонски носачи
- Медијска инфилтрација, сексуална траума и фрагментација душе
- Тајна друштва, демонска вештачка интелигенција и лажни покрети препорода

Сваки дан укључује:

- Праву причу или глобални образац
- Увид заснован на Светом писму
- Групне и личне примене
- Молитву за ослобођење + дневник размишљања

Ова књига је за вас ако сте:

- Председник **или креатор политике** који тражи духовну јасноћу и заштиту за своју нацију
- Пастор , **заступник или црквени радник** који се бори против невидљивих сила које се опиру расту и чистоти
- Генерални **директор или пословни лидер** суочава се са необјашњивим ратом и саботажом
- Тинејџер **или студент** кога муче снови, муке или чудни догађаји
- Родитељ **или старатељ** који примећује духовне обрасце у вашој крвној лози
- Хришћански **вођа** уморан од бескрајних молитвених циклуса без икаквог продора
- Или једноставно **верник спреман да пређе од преживљавања до победничке владавине**

Зашто ова књига?

Јер у времену када тама носи маску светлости, **избављење више није опционо** .

А моћ припада информисанима, опремљенима и онима који су се предали .

Написали Захаријас Годсигл , амбасадор Мандеј О. Огбе и Комфорт Лади Огбе , ово је више од пуког учења — то је **глобални позив на буђење** Цркви, породици и народима да устану и узврате ударац — не у страху, већ у **мудрости и ауторитету** .

Не можеш наставити да учиш оно што ниси испунио. И не можеш ходати у владавини док се не ослободиш из стиска таме.

Прекини циклусе. Суочи се са скривеним. Вратите своју судбину — дан по дан.

Текст на задњој корици

ОД ТАМЕ ДО ВЛАСТИ
 40 дана до ослобађања од скривеног стиска таме
Глобална молитва свести, ослобођења и моћи

Да ли сте **председник**, **пастор**, **родитељ** или **верник који се моли** — очајнички жељан трајне слободе и продора?

Ово није само побожност. То је 40-дневно глобално путовање кроз невидљива бојна поља **предачких завета, окултног ропства, морских духова, фрагментације душе, инфилтрације медија и још много тога**. Сваки дан открива стварна сведочанства, глобалне манифестације и делотворне стратегије ослобођења.

Открићете:

- Како се отварају духовне капије — и како их затворити
- Скривени корени поновљеног одлагања, мучења и ропства
- Моћне дневне молитве, размишљања и групне апликације
- Како доћи до **власти**, не само до ослобођења

Од **олтара врачања** у Африци до **обмана новог доба** у Северној Америци... од **тајних друштава** у Европи до **крвних завета** у Латинској Америци - **ова књига открива све**.

ОД ТАМЕ ДО ДОМИНИОНА је ваш путоказ ка слободи, написан за **пасторе, вође, породице, тинејџере, професионалце, извршне директоре** и свакога ко је уморан од вожње кроз рат без победе.

„Не можеш настављати оно што ниси испунио. И не можеш ходати у владавини док се не ослободиш из стиска таме."

Медијска промоција од једног пасуса (штампа/е-пошта/рекламни текст)

ОД ТАМЕ ДО ВЛАСТИ: 40 дана до ослобађања од скривеног стиска таме је глобална побожност која открива како непријатељ инфилтрира животе, породице и нације кроз олтаре, крвне лозе, тајна друштва, окултне ритуале и свакодневне компромисе. Са причама са свих континената и стратегијама ослобођења које су проверене у биткама, ова књига је намењена председницима и пасторима, извршним директорима и тинејџерима, домаћицама и духовним ратницима - свима који очајнички желе трајну слободу. Није само за читање - већ за кидање ланаца.

Предложене ознаке

- молитвено ослобођење
- духовна борба
- сведочанства бивших окулта
- молитва и пост
- разбијање генерацијских клетви
- слобода од таме
- Хришћански духовни ауторитет
- морски духови
- кундалини обмана
- разоткривена тајна друштва
- Испорука за 40 дана

Хештегови за кампање
#ТамаДоминиону
#ОслобођењеПобожност
#ПрекиниЛанце

#СлободаКрозХриста
#ГлобалноБуђење
#СкривенеБиткеОткривене
#МолиСаМолиСаОслобођењем
#КњигаОДуховномРату
#ИзТамеДоСветлости
#КраљевскаАуторитет
#НеВишеРопства
#ЕксОкултнаСведочанства
#КундалиниУпозорење
#MarineSpiritsExposed
#40ДанаСлободе

Посвећеност

Ономе који нас је позвао из таме у своју чудесну светлост — **Исусу Христу**, нашем Избавитељу, Носиоцу светлости и Цару славе.

Свакој души која вапи у тишини — заробљена невидљивим ланцима, прогоњена сновима, мучена гласовима и борећа се са тамом на местима где нико не види — ово путовање је за вас.

Пасторима, **заступницима** и **стражарима на зиду**,

мајкама које се моле током ноћи и **очевима који** одбијају да одустану,

дечаку који превише види и **девојчици коју је зло обележило** прерано,

извршним **директорима**, **председницима** и **доносиоцима одлука** који носе невидљиве теретове иза јавне моћи,

црквеном **раднику** који се бори са тајним ропством и **духовном ратнику** који се усуђује да узврати ударац -

ово је ваш позив да устанете.

И храбрима који су поделили своје приче — хвала вам. Ваши ожиљци сада ослобађају друге.

Нека ова молитва освети пут кроз сенке и поведе многе ка владавини, исцељењу и светој ватри.

Ниси заборављен. Ниси немоћан. Рођен си за слободу.

— *Зацхариас Годсеагле*, *Амбасадор Мондаи О. Огбе & Цомфорт Лади Огбе*

Захвалнице

Пре свега, признајемо **Свемогућег Бога — Оца, Сина и Светог Духа**, Творца Светлости и Истине, који нам је отворио очи за невидљиве битке иза затворених врата, завеса, проповедаоница и подијума. Исусу Христу, нашем Избавитељу и Краљу, дајемо сву славу.

Храбрим мушкарцима и женама широм света који су поделили своје приче о муци, тријумфу и трансформацији — ваша храброст је покренула глобални талас слободе. Хвала вам што сте прекинули тишину.

Службеницима и стражарима на зиду који су радили на скривеним местима — учећи, посредујући, избављајући и разазнајући — поштујемо вашу истрајност. Ваша послушност наставља да руши тврђаве и разоткрива обману на високим положајима.

Нашим породицама, молитвеним партнерима и тимовима за подршку који су били уз нас док смо копали по духовним рушевинама да бисмо открили истину - хвала вам на вашој непоколебљивој вери и стрпљењу.

Истраживачима, сведочењима на Јутјубу, узбуњивачима и ратницима краљевства који разоткривају таму путем својих платформи - ваша смелост је хранила овај рад увидом, откривањем и хитношћу.

Телу **Христовом** : ова књига је и ваша. Нека у вама пробуди свету одлучност да будете будни, проницљиви и неустрашиви. Пишемо не као стручњаци, већ као сведоци. Не стојимо као судије, већ као искупљени.

И коначно, читаоцима **овог побожног текста** — трагаоцима, ратницима, пасторима, служитељима ослобођења, преживелима и љубитељима истине из свих народа — нека вас свака страница оснажи да кренете **од тама до господства** .

— **Зацхариас Годсеагле**

— **Амбасадор Мондаи О. Огбе**

— **Цомфорт Лади Огбе**

Читаоцу

Ово није само књига. То је позив.

Позив да се открије оно што је дуго било скривено — да се суочимо са невидљивим силама које обликују генерације, системе и душе. Без обзира да ли сте **млади трагалац**, **пастор исцрпљен биткама које не можете именовати**, **пословни лидер који се бори са ноћним страховима** или **шеф државе који се суочава са неумољивим националним мраком**, ова молитвена књига је ваш **водич из сенке**.

Појединцу: Ниси луд. Оно што осећаш — у својим сновима, својој атмосфери, својој крвној лози — заиста може бити духовно. Бог није само исцелитељ; Он је **избавитељ**.

Породици: Ово **40**-дневно путовање ће вам помоћи да идентификујете обрасце који дуго муче вашу крвну лозу - зависности, преране смрти, разводи, неплодност, менталне муке, изненадно сиромаштво - и пружиће вам алате да их прекинете.

Црквеним **вођама и пасторима**: Нека ово пробуди дубље разликовање и храброст да се суочимо са духовним царством са проповедаонице, а не само са подијума. Ослобођење није опционо. То је део Великог послања.

Генералним **директорима, предузетницима и професионалцима**: Духовни завети делују и у салама за састанке. Посветите свој посао Богу. Срушите олтаре предака прикривене пословном срећом, крвним пактовима или масонском услугом. Градите чистим рукама.

Чуварима **и заступницима**: Ваша будност није била узалудна. Овај ресурс је оружје у вашим рукама — за ваш град, ваш регион, вашу нацију.

Председницима и премијерима, ако ово икада стигне на ваш сто: Нацијама не управљају само политике. Њима владају олтари - подигнути тајно или јавно. Док се не позабавимо скривеним темељима, мир ће остати недостижан. Нека вас ова молитва подстакне ка генерацијској реформацији.

Младићима **који** ово читају у тренутку очаја: Бог те види. Он те је изабрао. И Он те извлачи — заувек.

Ово је твоје путовање. Један дан по дан. Један ланац по ланац.

Од таме до владавине — твоје је време.

Како користити ову књигу

ОД ТАМЕ ДО ВЛАСТИ: 40 дана до ослобађања од скривеног стиска таме је више од побожности - то је приручник за ослобођење, духовна детоксикација и камп за ратовање. Без обзира да ли читате сами, са групом, у цркви или као вођа који води друге, ево како да извучете максимум из овог моћног 40-дневног путовања:

Дневни ритам

Сваки дан прати доследну структуру која вам помаже да ангажујете дух, душу и тело:

- **Главно побожно учење** – Откровујућа тема која разоткрива скривену таму.
- **Глобални контекст** – Како се ово упориште манифестује широм света.
- **Приче из стварног живота** – Прави сусрети са ослобођењем из различитих култура.
- **Акциони план** – Личне духовне вежбе, одрицање или изјаве.
- **Групна примена** – За употребу у малим групама, породицама, црквама или тимовима за ослобађање.
- **Кључни увид** – Дестилована поука коју треба запамтити и за коју се треба молити.
- **Дневник рефлексије** – Питања за срце како би се свака истина дубоко обрадила.
- **Молитва за ослобођење** – Циљана молитва духовног ратовања за разбијање упоришта.

Шта вам је потребно

- Ваша **Библија**
- Посебан **дневник или свеска**
- **Уље за помазање** (опционо, али снажно током молитви)
- Спремност да се **постимо и молимо** како нас Дух води
- **Партнер за одговорност или молитвени тим** за озбиљније случајеве

Како се користи са групама или црквама

- Састајајте се **свакодневно или недељно** да бисте разговарали о увидима и водили молитве заједно.
- Подстакните чланове да попуне **Дневник рефлексије** пре групних сесија.
- Користите одељак **за групну пријаву** да бисте покренули дискусију, исповест или тренутке заједничког ослобођења.
- Одредити обучене вође за руковање интензивнијим манифестацијама.

За пасторе, вође и службенике ослобођења

- Предајте дневне теме са проповедаонице или у школама за обуку ослобођења.
- Опремите свој тим да користи ову побожност као водич за саветовање.
- Прилагодите одељке по потреби за духовно мапирање, састанке препорода или градске молитвене акције.

Додаци за истраживање

На крају књиге пронаћи ћете моћне додатне ресурсе, укључујући:

1. **Дневна изјава о потпуном ослобођењу** – Изговарајте ово наглас сваког јутра и вечери.
2. **Водич за одрицање од медија** – Детоксикујте свој живот од духовне контаминације у забави.
3. **Молитва за препознавање скривених олтара у црквама** – За

заступнике и црквене раднике.
4. **Слободно зидарство, Кабала, Кундалини и скрипта за окултно одрицање** – Моћне молитве покајања.
5. **Контролна листа за масовно ослобођење** – Користи се у крсташким ратовима, кућним заједницама или личним реколлекцијама.
6. **Линкови до видео записа са сведочењима**

Предговор

Постоји рат — невидљив, неизречен, али жестоко стваран — који бесни над душама мушкараца, жена, деце, породица, заједница и народа.

Ова књига није рођена из теорије, већ из ватре. Из плачућих соба избављења. Из сведочанстава шапутаних у сенкама и виканих са кровова. Из дубоког проучавања, глобалног заступништва и свете фрустрације површним хришћанством које не успева да се носи са **коренима таме који** и даље заплићу вернике.

Превише људи је дошло на крст, али и даље вуку ланце. Превише пастора проповеда слободу док их тајно муче демони похоте, страха или завета предака. Превише породица је заробљено у циклусима - сиромаштва, перверзије, зависности, неплодности, срама - и **не знају зашто**. И превише цркава избегава да говори о демонима, врачању, крвавим олтарима или ослобођењу јер је то „превише интензивно".

Али Исус није избегавао таму — **суочио се с њом**.

Није игнорисао демоне — **истерао их је**.

И није умро само да би ти опростио — умро је да би **те ослободио**.

Ова 40-дневна глобална молитва није лежерна библијска студија. То је **духовна операциона сала**. Дневник слободе. Мапа из пакла за оне који се осећају заглављени између спасења и истинске слободе. Без обзира да ли сте тинејџер везан порнографијом, прва дама коју муче снови о змијама, премијер кога мучи кривица предака, пророк који крије тајно ропство или дете које се буди из демонских снова - ово путовање је за вас.

Наћи ћете приче из целог света — Африке, Азије, Европе, Северне и Јужне Америке — које све потврђују једну истину: **ђаво не бира ко је ко**. Али ни Бог. И оно што је учинио за друге, може учинити и за вас.

Ова књига је написана за:

- **Појединци** који траже лично ослобођење
- **Породице** којима је потребно генерацијско исцељење
- **Пастори** и црквени радници којима је потребно опремање
- **Пословни лидери** који се крећу у духовном рату на високим положајима
- **Народи** вапију за истинским препородом
- **Млади** који су несвесно отворили врата
- **Служитељи ослобођења** којима је потребна структура и стратегија
- Чак и **они који не верују у демоне** — док не прочитају сопствену причу на овим страницама

Бићеш растегнут. Бићеш изазван. Али ако останеш на путу, бићеш и **трансформисан** .

Нећеш се само ослободити.

Ходаћеш **у власти** .

Хајде да почнемо.

— *Закаријас Годсигл , амбасадор Мандеј О. Огбе и Комфорт Лади Огбе*

Предговор

У народима се осећа узбуђење. Потреса се духовни свет. Од проповедаоница до парламената, од дневних соба до подземних цркава, људи свуда се буде и виде језиву истину: потценили смо домет непријатеља — и погрешно смо схватили ауторитет који носимо у Христу.

„Од таме до господства" није само побожност; то је јасан позив. Пророчки приручник. Спасавачка линија за мучене, везане и искрене вернике који се питају: „Зашто сам још увек у ланцима?"

Као неко ко је био сведок препорода и избављења широм народа, знам из прве руке да Цркви не недостаје знања — недостаје нам духовне **свести**, **смелости** и **дисциплине**. Ово дело премошћује тај јаз. Оно испреплиће глобална сведочанства, снажну истину, практичну акцију и моћ крста у 40-дневно путовање које ће отресати прашину са успаваних живота и запалити ватру у уморнима.

За свештеника који се усуђује да се суочи са олтарима, за младог човека који се тихо бори са демонским сновима, за власника предузећа запетљаног у невидљиве завете и за вођу који зна да нешто *духовно није у реду,* али не може то да именује - ова књига је за вас.

Позивам вас да ово не читате пасивно. Нека свака страница пробуди ваш дух. Нека свака прича роди рат. Нека свака изјава научи ваша уста да говоре ватром. А када прођете кроз ових 40 дана, не славите само своју слободу - постаните посуда за слободу других.

Јер истинска власт није само бекство од таме...
То је окретање и повлачење других у светлост.
У Христовој власти и моћи,
Амбасадор Огбе

Увод

ОД ТАМЕ ДО ВЛАСТИ: 40 дана до ослобађања од скривеног стиска таме није само још једна побожност - то је глобални позив на буђење.

Широм света – од сеоских села до председничких палата, црквених олтара до сала за састанке – мушкарци и жене вапе за слободом. Не само за спасењем. **Ослобођењем. Јасноћом. Пробојем. Целином. Миром. Моћу.**

Али ево истине: Не можете одбацити оно што толеришете. Не можете се ослободити онога што не можете видети. Ова књига је ваше светло у том мраку.

Током 40 дана, проћи ћете кроз учења, приче, сведочанства и стратешке акције које откривају скривене операције таме и оснажују вас да превазиђете - дух, душу и тело.

Без обзира да ли сте пастор, генерални директор, мисионар, заступник, тинејџер, мајка или шеф државе, садржај ове књиге ће вас суочити са собом. Не да би вас посрамио – већ да би вас ослободио и припремио да водите друге ка слободи.

Ово је **глобална побожност о свести, ослобођењу и моћи** — утемељена у Светом писму, изоштрена извештајима из стварног живота и натопљена Исусовом крвљу.

Како користити ову молитву

1. **Почните са 5 основних поглавља**
   . Ова поглавља постављају темеље. Не прескачите их. Она ће вам помоћи да разумете духовну архитектуру таме и ауторитет који вам је дат да се изнад ње уздигнете.

2. **Прођите кроз сваки дан намерно**
   Сваки дневни унос укључује фокусну тему, глобалне манифестације, стварну причу, стихове из Светог писма, акциони

план, идеје за групну апликацију, кључни увид, подстицаје за дневник и снажну молитву.
3. **Завршите сваки дан уз Дневну декларацију од 360°**
На крају ове књиге, ова моћна декларација је осмишљена да ојача вашу слободу и заштити ваша духовна врата.
4. **Користите га сами или у групама**
Без обзира да ли кроз ово пролазите појединачно или у групи, кућном дружењу, заступничком тиму или служби ослобођења - дозволите Светом Духу да води темпо и персонализује план борбе.
5. **Очекујте противљење — и пробој**
отпора ће доћи. Али доћи ће и слобода. Ослобођење је процес, а Исус је посвећен томе да га прође са вама.

ОСНОВНА ПОГЛАВЉА (Прочитајте пре 1. дана)
1. Порекло Мрачног краљевства
Од Луциферове побуне до појаве демонских хијерархија и територијалних духова, ово поглавље прати библијску и духовну историју таме. Разумевање њеног почетка помаже вам да препознате како функционише.

2. Како данас функционише Мрачно краљевство
Од завета и крвних жртава до олтара, морских духова и технолошке инфилтрације, ово поглавље открива модерна лица древних духова - укључујући и то како медији, трендови, па чак и религија могу послужити као камуфлажа.

3. Улазне тачке: Како се људи навуку
Нико се случајно не рађа у ропству. Ово поглавље испитује врата као што су траума, олтари предака, изложеност врачању, везе душе, окултна радозналост, слободно зидарство, лажна духовност и културне праксе.

4. Манифестације: Од поседовања до опсесије
Како изгледа ропство? Од ноћних мора до одлагања брака, неплодности, зависности, беса, па чак и „светог смеха", ово поглавље открива како се демони прерушавају у проблеме, дарове или личности.

5. Моћ речи: ауторитет верника

Пре него што започнемо четрдесетодневну борбу, морате разумети своја законска права у Христу. Ово поглавље вас наоружава духовним законима, оружјем ратовања, библијским протоколима и језиком избављења.

ЗАВРШНО ОХРАБЉЕЊЕ ПРЕ НЕГО ШТО ПОЧНЕТЕ

Бог те не позива да *управљаш* тамом.

Он те позива да је **доминираш**.

Не силом, не снагом, већ Његовим Духом.

Нека ових наредних 40 дана буду више од молитве.

Нека буду сахрана за сваки олтар који вас је некада контролисао... и крунисање за судбину коју вам је Бог одредио.

Ваше путовање доминације почиње сада.

ПОГЛАВЉЕ 1: ПОРЕКЛО МРАЧНОГ КРАЉЕВСТВА

„*Јер се не боримо против крви и тела, него против поглаварстава, против власти, против господара таме овога света, против духовних злоба у небесима.*" — Ефесцима 6:12

Много пре него што је човечанство ступило на сцену времена, на небесима је избио невидљиви рат. То није био рат мачевима или пушком, већ побуна - велеиздаја против светости и ауторитета Свевишњег Бога. Библија открива ову мистерију кроз различите одломке који наговештавају пад једног од Божјих најлепших анђела - **Луцифера**, блиставог - који се усудио да се уздигне изнад Божјег престола (Исаија 14:12–15, Језекиљ 28:12–17).

Ова космичка побуна родила је **Мрачно краљевство** - царство духовног отпора и обмане, састављено од палих анђела (сада демона), кнежевина и сила усмерених против Божје воље и Божјег народа.

Пад и стварање таме

ЛУЦИФЕР НИЈЕ УВЕК БИО зао. Створен је савршен у мудрости и лепоти. Али гордост је ушла у његово срце, и гордост је постала побуна. Преварио је трећину небеских анђела да га следе (Откривење 12:4), и они су избачени из неба. Њихова мржња према човечанству је укорењена у љубомори — зато што је човечанство створено по Божјој слици и дата му је власт.

Тако је почео рат између **Краљевства Светлости** и **Краљевства Таме** — невидљиви сукоб који дотиче сваку душу, сваки дом и сваку нацију.

Глобални израз Мрачног краљевства

ИАКО НЕВИДЉИВ, УТИЦАЈ овог мрачног краљевства је дубоко укорењен у:

- **Културне традиције** (обожавање предака, жртве у крви, тајна друштва)
- **Забава** (сублиминалне поруке, окултна музика и емисије)
- **Управљање** (корупција, крвни пактови, заклетве)
- **Технологија** (алати за зависност, контролу, манипулацију умом)
- **Образовање** (хуманизам, релативизам, лажно просветљење)

Од афричког џуџуа до западног њу ејџ мистицизма, од обожавања џинова са Блиског истока до јужноамеричког шаманизма, облици се разликују, али **дух је исти** - обмана, доминација и уништење.

Зашто је ова књига сада важна

САТАНИН НАЈВЕЋИ ТРИК је да наведе људе да поверују да он не постоји — или још горе, да су његови поступци безопасни.

Ова молитвена књига је **приручник за духовну интелигенцију** — подиже завесу, разоткрива његове планове и оснажује вернике широм континената да:

- **Препознајте** улазне тачке
- **Одреците се** скривених завета
- **Одуприте се** ауторитетом
- **Вратите** оно што је украдено

Рођен си у бици

ОВО НИЈЕ МОЛИТВА ЗА оне са слабим срцем. Рођени сте на бојном пољу, а не на игралишту. Али добра вест је: **Исус је већ добио рат!**

„Разоружао је поглаварства и власти и посрамио их, победивши над њима у Њему." — Колошанима 2:15

Ти ниси жртва. Ти си више од освајача кроз Христа. Хајде да разоткријемо таму — и храбро ходамо ка светлости.

Кључни увид

Порекло таме је гордост, побуна и одбацивање Божје владавине. Исто то семе и данас делује у срцима људи и система. Да бисмо разумели духовни рат, прво морамо разумети како је побуна почела.

Дневник рефлексије

- Да ли сам одбацио духовни рат као сујеверје?
- Које културне или породичне праксе сам нормализовао, а које могу бити повезане са древном побуном?
- Да ли заиста разумем рат у који сам рођен?

Молитва просветљења

Небески Оче, открий ми скривене корене побуне око мене и у мени. Разоткрий лажи таме које сам можда несвесно пригрлио. Нека Твоја истина засија у сваком мрачном месту. Бирам Царство Светлости. Бирам да ходам у истини, моћи и слободи. У Исусово име. Амин.

ПОГЛАВЉЕ 2: КАКО МРАЧНО КРАЉЕВСТВО ДАНАС ФУНКЦИОНИШЕ

„Да нас не превари сатана; јер нам нису непознате његове намере." — 2. Коринћанима 2:11

Царство таме не делује хаотично. То је добро организована, дубоко слојевита духовна инфраструктура која одражава војну стратегију. Њен циљ: инфилтрирати се, манипулисати, контролисати и на крају уништити. Баш као што Божје Царство има ранг и ред (апостоли, пророци итд.), тако га има и царство таме — са поглаварствима, силама, владарима таме и духовном злобом на висинама (Ефесцима 6:12).

Мрачно краљевство није мит. То није фолклор или религиозно сујеверје. То је невидљива, али стварна мрежа духовних агената који манипулишу системима, људима, па чак и црквама како би испунили Сатанин план. Док многи замишљају виле и црвене рогове, право деловање овог краљевства је далеко суптилније, систематичније и злокобније.

1. Обмана је њихова валута

Непријатељ тргује лажима. Од Еденског врта (Постање 3) до данашњих филозофија, Сатанине тактике су се увек вртиле око сијања сумње у Божју Реч. Данас се обмана појављује у облику:

- *Учења Новог доба прикривена као просветитељство*
- *Окултне праксе маскиране као културни понос*
- *Вештичарење гламуризовано у музици, филмовима, цртаним филмовима и трендовима на друштвеним мрежама*

Људи несвесно учествују у ритуалима или конзумирају медије који отварају духовна врата без расуђивања.

2. Хијерархијска структура зла

Баш као што Божје Краљевство има ред, мрачно краљевство делује под дефинисаном хијерархијом:

- **Кнежевине** – територијални духови који утичу на нације и владе
- **Моћи** – Агенти који спроводе зло кроз демонске системе
- **Владари таме** – Координатори духовног слепила, идолопоклонства, лажне религије
- **Духовна злоба на високим положајима** – ентитети елитног нивоа који утичу на глобалну културу, богатство и технологију

Сваки демон је специјализован за одређене задатке - страх, зависност, сексуалну перверзију, збуњеност, понос, поделу.

3. Алати културне контроле

Ђаво више не мора да се појављује физички. Култура сада обавља тешки посао. Његове стратегије данас укључују:

- **Сублиминалне поруке:** Музика, емисије, рекламе пуне скривених симбола и обрнутих порука
- **Десензитизација:** Понављано излагање греху (насиље, голотиња, вулгарност) док не постане „нормално"
- **Технике контроле ума:** Путем медијске хипнозе, емоционалне манипулације и зависничких алгоритама

То није случајно. То су стратегије осмишљене да ослабе морална уверења, униште породице и редефинишу истину.

4. Генерацијски споразуми и крвне лозе

Кроз снове, ритуале, посвете или предачке уговоре, многи људи су несвесно повезани са тамом. Сатана то користи:

- Породични олтари и идоли предака
- Церемоније именовања које призивају духове
- Тајни породични греси или клетве преношене са генерације на

генерацију

се завет не прекрши Исусовом крвљу.

5. Лажна чуда, лажни пророци

Мрачно краљевство воли религију — посебно ако јој недостаје истина и моћ. Лажни пророци, заводљиви духови и лажна чуда обмањују масе:

„Јер се сам Сатана претвара у анђела светлости." — 2. Коринћанима 11:14

Многи данас следе гласове који им голицају уши, али им везују душе.

Кључни увид

Ђаво није увек гласан — понекад шапуће кроз компромис. Највећа тактика Мрачног краљевства је да убеди људе да су слободни, док су они суптилно поробљени.

Дневник рефлексије:

- Где сте видели ове операције у вашој заједници или земљи?
- Да ли постоје емисије, музика, апликације или ритуали које сте нормализовали, а који заправо могу бити алати манипулације?

Молитва свесности и покајања:

Господе Исусе, отвори ми очи да видим деловање непријатеља. Разоткриј сваку лаж у коју сам веровао. Опрости ми за сваха врата која сам отворио, свесно или несвесно. Прекидам споразум са тамом и бирам Твоју истину, Твоју моћ и Твоју слободу. У Исусово име. Амин.

ПОГЛАВЉЕ 3: УЛАЗНЕ ТАЧКЕ – КАКО СЕ ЉУДИ НАВЕЗУЈУ

„*Не дајте ђаволу упоришта.*" — Ефесцима 4:27

У свакој култури, генерацији и дому постоје скривени отвори – капије кроз које улази духовна тама. Ове улазне тачке могу у почетку изгледати безопасно: дечја игра, породични ритуал, књига, филм, нерешена траума. Али када се једном отворе, оне постају легално тло за демонски утицај.

Уобичајене улазне тачке

1. **Завети крвних лоза** – Заклетве предака, ритуали и идолопоклонство који преносе приступ злим духовима.
2. **Рано излагање окултизму** – Као у причи о *Лурдес Валдивији* из Боливије, деца изложена врачању, спиритуализму или окултним ритуалима често постају духовно компромитована.
3. **Медији и музика** – Песме и филмови који величају таму, сензуалност или побуну могу суптилно призвати духовни утицај.
4. **Траума и злостављање** – Сексуално злостављање, насилна траума или одбацивање могу отворити душу за угњетавачке духове.
5. **Сексуални грех и везе душе** – Недозвољене сексуалне везе често стварају духовне везе и пренос духова.
6. **Ново доба и лажна религија** – Кристали, јога, духовни водичи, хороскопи и „бело врачање" су прикривени позиви.
7. **Горчина и неопроштај** – Ово даје демонским духовима законско право да муче (видети Матеј 18:34).

Најважнији део глобалног сведочења: *Лурдес Валдивија (Боливија)*

Са само 7 година, Лурдес је упознала са врачањем њена мајка, дугогодишња окултисткиња. Њена кућа је била пуна симбола, костију са гробља и магијских књига. Доживела је астралну пројекцију, гласове и муке пре него што је коначно пронашла Исуса и била ослобођена. Њена прича је једна од многих — доказује како рана изложеност и генерацијски утицај отварају врата духовном ропству.

Референца за Greater Exploits:

Приче о томе како су људи несвесно отварали врата кроз „безопасне" активности — само да би били заробљени у тами — могу се наћи у књигама *„Већи подвизи"* 14 и *„Ослобођени од моћи таме"* (видети додатак) .

Кључни увид

Непријатељ ретко упада. Чека да се врата отворе. Оно што делује невино, наслеђено или забавно понекад може бити управо капија која је непријатељу потребна.

Дневник рефлексије

- Који тренуци у мом животу су могли послужити као духовне улазне тачке?
- Да ли постоје „безопасне" традиције или предмети којих се требам ослободити?
- Да ли треба да се одрекнем било чега из своје прошлости или породичне лозе?

Молитва одрицања

Оче, затварам свака врата која сам ја или моји преци можда отворили у таму. Одричем се свих споразума, веза душе и излагања било чему несветом. Прекидам сваки ланац крвљу Исусовом. Изјављујем да моје тело, душа и дух припадају само Христу. У Исусово име. Амин.

ПОГЛАВЉЕ 4: МАНИФЕСТАЦИЈЕ – ОД ПОСЕДСТВА ДО ОПСЕСИЈЕ

„Кад нечисти дух изиђе из човека, лута по безводним местима тражећи покоја, и не налази га. Тада говори: 'Вратићу се у кућу из које сам изашао.'" — Матеј 12:43

Када особа доспе под утицај мрачног царства, манифестације варирају у зависности од нивоа додељеног демонског приступа. Духовни непријатељ се не задовољава посетама — његов крајњи циљ је становање и доминација.

Нивои манифестације

1. **Утицај** – Непријатељ стиче утицај кроз мисли, емоције и одлуке.
2. **Угњетавање** – Постоји спољашњи притисак, тежина, збуњеност и мука.
3. **Опсесија** – Особа се фиксира на мрачне мисли или компулзивно понашање.
4. **Поседовање** – У ретким, али стварним случајевима, демони се настане и пониште вољу, глас или тело особе.

Степен манифестације је често повезан са дубином духовног компромиса.

Глобалне студије случаја манифестације

- **Африка:** Случајеви духовног мужа/жене, лудило, ритуално ропство.
- **Европа:** Хипноза новог доба, астрална пројекција и фрагментација ума.
- **Азија:** Везе душа предака, замке реинкарнације и завети крвних

лоза.
- **Јужна Америка:** Шаманизам, духовни водичи, зависност од психичког читања.
- **Северна Америка:** Вештичарење у медијима, „безопасни" хороскопи, капије супстанци.
- **Блиски исток:** сусрети са џинима, крвне заклетве и пророчанска фалсификати.

Сваки континент представља своју јединствену маску истог демонског система — и верници морају научити како да препознају знаке.

Уобичајени симптоми демонске активности

- Понављајуће ноћне море или парализа сна
- Гласови или ментална мука
- Компулзивни грех и поновљено отпадање од вере
- Необјашњиве болести, страх или бес
- Натприродна снага или знање
- Изненадна одбојност према духовним стварима

Кључни увид

Оно што називамо „менталним", „емоционалним" или „медицинским" проблемима понекад може бити духовне природе. Не увек — али довољно често да је расуђивање кључно.

Дневник рефлексије

- Да ли сам приметио/ла понављајуће борбе које делују духовне природе?
- Да ли постоје генерацијски обрасци разарања у мојој породици?
- Какве медије, музику или везе дозвољавам у свој живот?

Молитва одрицања

Господе Исусе, одричем се сваког скривеног споразума, отворених врата и безбожног завета у свом животу. Прекидам везе са свим што није од Тебе — свесно или несвесно. Позивам ватру Светог Духа да прогута сваки траг таме у мом животу. Ослободи ме потпуно. У Твоје моћно име. Амин.

ПОГЛАВЉЕ 5: МОЋ РЕЧИ – АУТОРИТЕТ ВЕРНИКА

„*Ево, дајем вам власт да газите по змијама и шкорпијама и по свакој сили непријатељској; и ништа вам неће наудити.*" — Лука 10:19 (KJV)

Многи верници живе у страху од таме јер не разумеју светлост коју носе. Па ипак, Свето писмо открива да Реч **Божја није само мач (Ефесцима 6:17)** — она је ватра (Јеремија 23:29), чекић, семе и сам живот. У борби између светлости и таме, они који познају и објављују Реч никада нису жртве.

Шта је ова моћ?

Моћ коју верници носе је **делегирана власт**. Као полицајац са значком, не стојимо на сопственој снази, већ у име **Исусово** и кроз Реч Божју. Када је Исус победио Сатану у пустињи, није викао, плакао нити паничио — једноставно је рекао: „*Писано је.*"

Ово је образац за сваку духовну борбу.

Зашто многи хришћани остају поражени

1. **Незнање** – Они не знају шта Реч каже о њиховом идентитету.
2. **Тишина** – Они не проглашавају Божју реч важним за ситуације.
3. **Недоследност** – Живе у циклусима греха, што нарушава самопоуздање и приступ.

Победа није у томе да се гласније виче; већ у томе **да се дубље верује** и **смело изјављује**.

Ауторитет у акцији – Глобалне приче

- **Нигерија:** Дечак заробљен у култизму ослобођен је када му је мајка стално помазивала собу и сваке вечери изговарала Псалам

91.

- **Сједињене Америчке Државе:** Бивша припадница Вике је напустила врачање након што је колегиница месецима свакодневно тихо изговарала свете списе изнад њеног радног места.
- **Индија:** Верник је прогласио Исаију 54:17 док се суочавао са сталним нападима црне магије — напади су престали, а нападач је признао.
- **Бразил:** Жена је користила свакодневне изјаве из Римљанима 8 преко својих самоубилачких мисли и почела је да хода у натприродном миру.

Реч је жива. Не треба јој наше савршенство, само наша вера и исповест.
Како користити реч у ратовању

1. **Научите напамет стихове из Светог писма** који се односе на идентитет, победу и заштиту.
2. **Изговарајте Реч наглас**, посебно током духовних напада.
3. **Користите га у молитви**, објављујући Божја обећања у различитим ситуацијама.
4. **Постите + Молите се** са Речју као сидром (Матеј 17:21).

Основни списи за ратовање

- *2. Коринћанима 10:3–5* – Рушење тврђава
- *Исаија 54:17* – Ниједно оружје направљено неће успети
- *Лука 10:19* – Моћ над непријатељем
- *Псалам 91* – Божанска заштита
- *Откривење 12:11* – Побеђени крвљу и сведочанством

Кључни увид
Божја реч у твојим устима је једнако моћна као и Реч у Божјим устима — када се изговара са вером.
Дневник рефлексије

- Да ли знам своја духовна права као верник?
- На којим стиховима данас активно стојим?
- Да ли сам дозволио/допустила страху или незнању да утишају мој ауторитет?

Молитва оснаживања

Оче, отвори ми очи за ауторитет који имам у Христу. Научи ме да користим Твоју Реч са смелошћу и вером. Где сам дозволио да влада страх или незнање, нека дође откровење. Данас стојим као Божје дете, наоружан Мачем Духа. Говорићу Реч. Стајаћу у победи. Нећу се бојати непријатеља - јер је већи Онај који је у мени. У Исусово име. Амин.

ДАН 1: КРВНЕ ЛОЗЕ И КАПИЈЕ — РАСКИНУТИ ПОРОДИЧНЕ ЛАНЦЕ

„*Наши очеви су сагрешили и нема их више, а ми сносимо њихову казну.*" — Плач Јеремијин 5:7

Можда си спасен, али твоја крвна лоза и даље има историју — и док се стари завети не прекрше, они настављају да говоре.

Широм сваког континента постоје скривени олтари, пактови предака, тајни завети и наслеђени безакоња која остају активна док се посебно не реше. Оно што је почело са прадедом и прабабом можда и даље одређује судбине данашње деце.

Глобални изрази

- **Африка** – Породични богови, пророчанства, врачање које се преноси са генерације на генерацију, жртве крви.
- **Азија** – Обожавање предака, везе реинкарнације, ланци карме.
- **Латинска Америка** – сантерија, олтари смрти, шаманистичке крвне заклетве.
- **Европа** – слободно зидарство, пагански корени, пактови о крвним лозама.
- **Северна Америка** – наслеђе Новог доба, масонско порекло, окултни предмети.

Клетва траје све док неко не устане и не каже: „Нема више!"

Дубље сведочанство – Исцељење из корена

Једна жена из Западне Африке, након што је прочитала књигу „*Велики подвизи*" 14, схватила је да су њени хронични побачаји и необјашњиве муке повезани са положајем њеног деде као свештеника. Прихватила је Христа пре много година, али се никада није бавила породичним заветима.

Након три дана молитве и поста, била је вођена да уништи одређена породична наслеђа и одрекне се завета користећи Галаћанима 3:13. Истог месеца је затруднела и родила дете у термину. Данас она води друге у служби исцељења и ослобађања.

Још један човек у Латинској Америци, из књиге „*Ослобођен од моћи таме*", пронашао је слободу након што се одрекао масонског проклетства које је тајно пренето од његовог прадеде. Када је почео да примењује стихове попут Исаије 49:24–26 и да се бави молитвама за ослобођење, његова ментална мука је престала и мир је враћен у његов дом.

Ове приче нису случајности — оне су сведочанства истине на делу.

Акциони план – Породични инвентар

1. Запишите сва позната породична веровања, праксе и припадности - верска, мистична или тајна друштва.
2. Тражите од Бога откровење скривених олтара и пактова.
3. Молитвено уништите и одбаците сваки предмет повезан са идолопоклонством или окултним праксама.
4. Постите како вам је речено и користите доле наведене стихове да бисте превазишли правну основу:
    - *Левитска 26:40–42*
    - *Исаија 49:24–26*
    - *Галаћанима 3:13*

ГРУПНА ДИСКУСИЈА И пријава

- Које уобичајене породичне праксе се често превиђају као безопасне, али могу бити духовно опасне?
- Нека чланови анонимно поделе (ако је потребно) све снове, предмете или понављајуће циклусе у својој крвној лози.
- Групна молитва одрицања — свака особа може изговорити име породице или проблема којих се одриче.

Алати за служење: Донесите уље за помазање. Понудите причест. Водите групу у заветној молитви замене — посвећујући сваку породичну линију Христу.

Кључни увид

Поновно рођење спасава ваш дух. Кршење породичних завета чува вашу судбину.

Дневник рефлексије

- Шта је у мојој породици? Шта мора да престане код мене?
- Да ли постоје предмети, имена или традиције у мом дому којих се треба решити?
- Која су врата отворили моји преци, а која ја сада морам да затворим?

Молитва за ослобођење

Господе Исусе, хвалом Ти се за Твоју крв која говори боље ствари. Данас се одричем сваког скривеног олтара, породичног завета и наслеђеног ропства. Прекидам ланце своје крвне лозе и изјављујем да сам ново створење. Мој живот, породица и судбина сада припадају само Теби. У Исусово име. Амин.

ДАН 2: ИНВАЗИЈЕ СНОВА — КАДА НОЋ ПОСТАНЕ БОЈНО ПОЉЕ

„*Док су људи спавали, дође непријатељ његов и посеја кукољ међу пшеницу, и оде.*" — Матеј 13:25

За многе, највећа духовна борба се не дешава док су будни - дешава се када спавају.

Снови нису само случајна мождана активност. Они су духовни портали кроз које се размењују упозорења, напади, завети и судбине. Непријатељ користи сан као тихо бојно поље да сеје страх, пожуду, збуњеност и одлагање — све без отпора јер већина људи није свесна рата.

Глобални изрази

- **Африка** – Духовни супружници, змије, једење у сновима, маскараде.
- **Азија** – сусрети са прецима, снови о смрти, кармичке муке.
- **Латинска Америка** – Анималистички демони, сенке, парализа сна.
- **Северна Америка** – Астрална пројекција, ванземаљски снови, понављања трауме.
- **Европа** – готске манифестације, сексуални демони (инкуби/сукуби), фрагментације душа.

Ако Сатана може да контролише твоје снове, може утицати и на твоју судбину.

Сведочење – От ноћног терора до мира

Млада жена из Уједињеног Краљевства послала је имејл након што је прочитала књигу „*Бивши сатаниста: Џејмсова размена*". Поделила је како су је годинама мучили снови у којима је јуре, уједају је пси или спава са непознатим мушкарцима – што је увек пратило неуспехе у стварном животу. Њене везе су пропадале, могућности за посао су нестајале, а она је стално била исцрпљена.

Кроз пост и проучавање стихова попут Јова 33:14–18, открила је да Бог често говори кроз снове — али исто чини и непријатељ. Почела је да помаже главу уљем, да наглас одбацује зле снове након буђења и да води дневник снова. Постепено су јој снови постајали јаснији и мирнији. Данас води групу подршке за младе жене које пате од напада снова.

Нигеријски бизнисмен, након што је послушао сведочење на Јутјубу, схватио је да је његов сан о томе како му се сваке вечери служи храна повезан са врачањем. Сваки пут када би прихватио храну у сну, ствари би кренуле по злу у његовом послу. Научио је да одмах одбије храну у сну, да се моли у језицима пре спавања и сада уместо тога види божанске стратегије и упозорења.

Акциони план – Ојачајте своје ноћне страже

1. **Пре спавања:** Читајте стихове наглас. Богослужите се. Помажите главу уљем.
2. **Дневник снова:** Запишите сваки сан након буђења - добар или лош. Замолите Светог Духа за тумачење.
3. **Одбацивање и одрицање:** Ако сан укључује сексуалну активност, мртве рођаке, јело или ропство - одмах се одрекните тога у молитви.
4. **Рат око Светог писма:**
   - *Псалам 4:8* — Миран сан
   - *Јов 33:14–18* — Бог говори кроз снове
   - *Матеј 13:25* — Непријатељ сеје кукољ
   - *Исаија 54:17* — Није створено оружје против тебе

Групна пријава

- Поделите недавне снове анонимно. Нека група уочи обрасце и значења.
- Научите чланове како да усмено одбаце зле снове, а добре запечате у молитви.

- Групна изјава: „Забрањујемо демонске трансакције у нашим сновима, у Исусово име!"

Алати Министарства:

- Понесите папир и оловке за вођење дневника снова.
- Покажите како се помаже нечији дом и кревет.
- Принесите причест као печат завета за ту ноћ.

Кључни увид

Снови су или капије ка божанским сусретима или демонске замке. Расуђивање је кључно.

Дневник рефлексије

- Какве сам снове стално доживљавао/ла?
- Да ли одвајам време да размислим о својим сновима?
- Да ли су ме снови упозоравали на нешто што сам игнорисао/ла?

Молитва ноћне страже

Оче, посвећујем своје снове Теби. Не дозволи да се икаква зла сила пројектује у мој сан. Одбацујем сваки демонски завет, сексуално оскрнављење или манипулацију у својим сновима. Примам божанску посету, небеска упутства и анђеоску заштиту док спавам. Нека моје ноћи буду испуњене миром, откривењем и моћи. У Исусово име, амин.

ДАН 3: ДУХОВНИ СУПРУЖНИЦИ — НЕСВЕТИ ЗАВЕЗИ КОЈИ ПОВЕЗУЈУ СУДБИНЕ

„Јер је твој Творац муж твој — Господ Сведржитељ је име Његово..." — Исаија 54:5

„Жртвовали су своје синове и своје кћери демонима." — Псалам 106:37

Док многи вапе за брачним преокретом, оно што не схватају јесте да су већ у **духовном браку** – оном на који никада нису пристали.

То су **завети склопљени кроз снове, злостављање, крвне ритуале, порнографију, заклетве предака или демонски пренос**. Духовни супружник - инкубус (мушкарац) или сукубус (жена) - преузима законско право на тело, интимност и будућност особе, често блокирајући везе, уништавајући домове, изазивајући побачаје и подстичући зависности.

Глобалне манифестације

- **Африка** – Морски духови (Мами Вата), духовне жене/мужеви из водених краљевстава.
- **Азија** – Небески бракови, кармичке клетве сродних душа, реинкарнирани супружници.
- **Европа** – Вештичарски синдикати, демонски љубавници масонерског или друидског порекла.
- **Латинска Америка** – сантеријски бракови, љубавне чини, „духовни бракови" засновани на пактовима.
- **Северна Америка** – духовни портали изазвани порнографијом, сексуални духови новог доба, отмице ванземаљаца као манифестације сусрета са инкубусима.

Праве приче — Борба за брачну слободу

Толу, Нигерија

Толу је имала 32 године и била је сама. Сваки пут када би се верила, мушкарац би изненада нестајао. Стално је сањала о венчању уз сложене церемоније. У књизи „*Greater Exploits 14*", препознала је да се њен случај поклапа са сведочанством које је тамо подељено. Прошла је кроз тродневни пост и ноћне молитве у поноћ, прекидајући везе душе и избацујући морског духа који ју је прогањао. Данас је удата и саветује друге.

Лина, Филипини

Лина је често осећала „присуство" како је прогања ноћу. Мислила је да умишља ствари све док јој се модрице нису почеле појављивати на ногама и бутинама без икаквог објашњења. Њен пастор је препознао духовног супружника. Признала је да је раније имала абортус и зависност од порнографије, а затим је доживела ослобођење. Сада помаже младим женама да идентификују сличне обрасце у својој заједници.

Акциони план – Кршење завета

1. **Признајте** и покајте се за сексуалне грехе, везе између душа, окултну изложеност или ритуале предака.
2. **Одбаците** све духовне бракове у молитви — по имену, ако је откривено.
3. **Постите** 3 дана (или како је наведено) користећи Исаију 54 и Псалам 18 као сидрене стихове.
4. **Уништите** физичке симболе: прстење, одећу или поклоне везане за бивше љубавнике или окултне везе.
5. **Изјавите наглас** :

Нисам у браку ни са једним духом. Заветован сам са Исусом Христом. Одбацујем сваку демонску везу у свом телу, души и духу!

Алати за Свето писмо

- Исаија 54:4–8 – Бог као твој прави Муж
- Псалам 18 – Кидање ужета смрти
- 1. Коринћанима 6:15–20 – Ваше тело припада Господу
- Осија 2:6–8 – Кршење безбожних завета

Групна пријава

- Питајте чланове групе: Да ли сте икада сањали венчања, секс са странцима или сенке ноћу?
- Водите групно одрицање од духовних супружника.
- Одиграјте улоге „бракоразводног суда на небу" — сваки учесник подноси духовни развод пред Богом у молитви.
- Користите уље за помазање на глави, стомаку и стопалима као симболе чишћења, размножавања и кретања.

Кључни увид

Демонски бракови су стварни. Али не постоји духовна заједница коју не може да раскине Исусова крв.

Дневник рефлексије

- Да ли сам понављао/ла снове о браку или сексу?
- Да ли постоје обрасци одбијања, одлагања или побачаја у мом животу?
- Да ли сам спреман/на да потпуно предам своје тело, сексуалност и будућност Богу?

Молитва за ослобођење

Небески Оче, кајем се за сваки сексуални грех, познат или непознат. Одбацујем и одричем се сваког духовног супружника, морског духа или окултног брака који ми одузима живот. Силом у Исусовој крви, кршим сваки завет, семе снова и везу душе. Изјављујем да сам Христова Невеста, одвојена за Његову славу. Ходам слободно, у Исусово име. Амин.

ДАН 4: ПРОКЛЕТИ ПРЕДМЕТИ – ВРАТА КОЈА СКРВНАВЕ

„Ни уноси гнусобу у кућу своју, да не будеш проклет као она." — Поновљени закони 7:26

Скривени улаз који многи игноришу

Није свако поседовање само поседовање. Неке ствари носе историју. Друге носе духове. Уклети предмети нису само идоли или артефакти — то могу бити књиге, накит, статуе, симболи, поклони, одећа или чак наслеђене реликвије које су некада биле посвећене мрачним силама. Оно што је на вашој полици, вашем зглобу, вашем зиду — може бити сама тачка уласка у муке у вашем животу.

Глобална запажања

- **Африка**: Калабасе, амајлије и наруквице везане за врачаре или обожавање предака.
- **Азија**: Амулети, зодијачке статуе и храмовни сувенири.
- **Латинска Америка**: Сантерија огрлице, лутке, свеће са натписима духова.
- **Северна Америка**: Тарот карте, Оуија табле, хватачи снова, хорор сувенири.
- **Европа**: Паганске реликвије, окултне књиге, додаци са вештичјом тематиком.

Један пар у Европи је доживео изненадну болест и духовно угњетавање након повратка са одмора на Балију. Несвесни, купили су резбарену статуу која је била посвећена локалном морском божанству. Након молитве и разматрања, уклонили су предмет и спалили га. Мир се одмах вратио.

Још једна жена из сведочанстава групе *Greater Exploits* пријавила је необјашњиве ноћне море, све док није откривено да је огрлица коју је добила од тетке заправо уређај за духовно праћење освећен у светилишту.

Не чистите кућу само физички - морате је очистити и духовно.

Сведочанство: „Лутка која ме је посматрала"

Лурдес Валдивија, чију смо причу раније истражили из Јужне Америке, једном је добила порцеланску лутку током породичне прославе. Њена мајка ју је освештала у окултном ритуалу. Од ноћи када је унета у њену собу, Лурдес је почела да чује гласове, да доживљава парализу сна и да ноћу види фигуре.

Тек када се хришћанска пријатељица помолила са њом и Свети Дух открио порекло лутке, она се решила ње. Одмах је демонско присуство нестало. Тако је почело њено буђење — од угњетавања до ослобођења.

Акциони план – Ревизија куће и срца

1. **Прођите кроз сваку собу** у свом дому са уљем за помазање и Речју.
2. **Замолите Светог Духа** да истакне предмете или дарове који нису од Бога.
3. **Спалите или баците** предмете који су повезани са окултизмом, идолопоклонством или неморалом.
4. **Затворите сва врата** стиховима попут:
    - *Поновљени закони 7:26*
    - *Дела апостолска 19:19*
    - *2. Коринћанима 6:16–18*

Групна дискусија и активација

- Поделите све предмете или поклоне које сте некада поседовали, а који су имали необичне ефекте у вашем животу.
- Заједно направите „Контролну листу за чишћење куће".
- Доделите партнерима да се моле кроз међусобно кућно окружење (уз дозволу).
- Позовите локалног служитеља ослобођења да води пророчку молитву за чишћење дома.

Прибор за службу: уље за помазање, музика за богослужење, кесе за смеће (за право одлагање) и ватроотпорна посуда за предмете који треба да се униште.

Кључни увид

Оно што дозволите у свом простору може овластити духове у вашем животу.

Дневник рефлексије

- Који предмети у мом дому или гардероби имају нејасно духовно порекло?
- Да ли сам се нечега држао због сентименталне вредности чега се сада морам ослободити?
- Да ли сам спреман да осветим свој простор за Светог Духа?

Молитва за очишћење

Господе Исусе, позивам Твог Светог Духа да разоткрије све у мом дому што није од Тебе. Одричем се сваког проклетог предмета, дара или ствари која је била везана за таму. Проглашавам свој дом светом земљом. Нека Твој мир и чистота обитавају овде. У Исусово име. Амин.

ДАН 5: ОЧАРАНА И ПРЕВАРЕНА — ОСЛОБАЂАЊЕ ОД ДУХА ПРОРИТАЊА

„Ови људи су слуге Бога Вишњега, који нам објављују пут спасења." — *Дела апостолска 16:17 (NKJV)*

„А Павле, веома разјарен, окрену се и рече духу: 'Заповедам ти у име Исуса Христа да изађеш из ње.' И изађе у тај час." — *Дела апостолска 16:18*

Танка је линија између пророчанства и прорицања — и многи је данас прелазе, а да тога нису ни свесни.

Од пророка на Јутјубу који наплаћују „личне речи", до читача тарота на друштвеним мрежама који цитирају стихове, свет је постао пијаца духовне буке. И трагично је што многи верници несвесно пију из загађених потока.

Дух **прорицања** имитира Светог Духа. Ласка, заводи, манипулише емоцијама и заплиће своје жртве у мрежу контроле. Његов циљ? **Да духовно заплете, обмане и пороби.**

Глобални изрази прорицања

- **Африка** – Пророчанства, свештеници Ифа, водени медијуми, пророчанске преваре.
- **Азија** – Читачи из длана, астролози, видовњаци предака, „пророци" реинкарнације.
- **Латинска Америка** – сантеријски пророци, амајлије, свеци са мрачним моћима.
- **Европа** – Тарот карте, видовњаштво, медијумски кругови, каналисање Новог доба.
- **Северна Америка** – „хришћански" видовњаци, нумерологија у црквама, анђеоске карте, духовни водичи прерушени у Светог Духа.

Опасно није само оно што кажу — већ и **дух** који стоји иза тога.

Сведочанство: Од видовњака до Христа

Једна Американка је на Јутјубу сведочила како је од „хришћанске пророчице" схватила да делује под утицајем духа прорицања. Почела је јасно да види визије, да даје детаљне пророчке речи и привлачи велике масе људи на интернету. Али се такође борила са депресијом, ноћним морама и чула је шапат након сваке сеансе.

Једног дана, док је гледала проповед о *Делима апостолским 16*, вага јој је спала. Схватила је да се никада није покорила Светом Духу — само свом дару. Након дубоког покајања и ослобођења, уништила је своје анђеоске картице и дневник поста испуњен ритуалима. Данас проповеда Исуса, а не више „речи".

Акциони план – Тестирање духова

1. Питајте: Да ли ме ова реч/дар привлачи **Христу** или особи **која** га даје?
2. Испитајте сваки дух помоћу *1. Јованове 4:1–3*.
3. Покајте се за било какво учешће у психичким, окултним или лажним пророчким праксама.
4. Прекините све душевне везе са лажним пророцима, врачарима или инструкторима врачања (чак и на мрежи).
5. Изјавите смело:

„Одбацујем сваки лажни дух. Припадам само Исусу. Моје уши су усмерене на Његов глас!"

Групна пријава

- Дискутујте: Да ли сте икада следили пророка или духовног водича који се касније испоставио као лажни?
- Групна вежба: Наведите чланове да се одрекну одређених пракси попут астрологије, читања душа, психичких игара или духовних утицајних људи који нису укорењени у Христу.
- Позовите Светог Духа: Одвојите 10 минута за тишину и слушање. Затим поделите шта Бог открива — ако уопште нешто открива.

- Спалите или обришите дигиталне/физичке предмете везане за прорицање, укључујући књиге, апликације, видео записе или белешке.

Алати за службу:

Уље за ослобођење, крст (симбол покорности), канта/канта за одлагање симболичних предмета, музика за богослужење усредсређена на Светог Духа.

Кључни увид

Није све натприродно од Бога. Право пророчанство произилази из блискости са Христом, а не из манипулације или спектакла.

Дневник рефлексије

- Да ли ме је икада привукло психичко или манипулативно духовно деловање?
- Да ли сам више зависан од „речи" него од Божје речи?
- Којим гласовима сам дао приступ, а које сада треба ућуткати?

МОЛИТВА ЗА ОСЛОБОЂЕЊЕ

Оче, не слажем се са сваким духом прорицања, манипулације и лажног пророчанства. Кајем се што сам тражио смернице осим Твог гласа. Очисти мој ум, моју душу и мој дух. Научи ме да ходам само по Твојем Духу. Затварам свака врата која сам отворио окултном, свесно или несвесно. Изјављујем да је Исус мој Пастир и чујем само Његов глас. У Исусово моћно име, амин.

ДАН 6: КАПИЈЕ ОКА – ЗАТВАРАЊЕ ПОРТАЛА ТАМЕ

„Око је светиљка телу; ако су ти очи здраве, цело ће ти тело светло бити."
— *Матеј 6:22 (NIV)*

„Нећу ставити ништа зло пред очи своје..." — *Псалам 101:3 (KJV)*

У духовном царству, **ваше очи су капије.** Оно што улази кроз ваше очи утиче на вашу душу — било да се ради о чистоти или загађењу. Непријатељ то зна. Зато су медији, слике, порнографија, хорор филмови, окултни симболи, модни трендови и заводљив садржај постали бојна поља.

Рат за твоју пажњу је рат за твоју душу.

Оно што многи сматрају „безопасном забавом" често је кодирани позив — на пожуду, страх, манипулацију, понос, сујету, побуну или чак демонску везаност.

Глобалне капије визуелне таме

- **Африка** – Ритуални филмови, теме Ноливуда које нормализују врачање и полигамију.
- **Азија** – Аниме и манга са духовним порталима, заводљивим духовима, астралним путовањима.
- **Европа** – готска мода, хорор филмови, опсесије вампирима, сатанска уметност.
- **Латинска Америка** – Теленовеле које величају врачање, клетве и освету.
- **Северна Америка** – Мејнстрим медији, музички спотови, порнографија, „слатки" демонски цртани филмови.

Оно на шта стално гледате, постајете неосетљиви.

Прича: „Цртани филм који је проклео моје дете"

Мајка из САД је приметила да њен петогодишњак почиње да вришти ноћу и црта узнемирујуће слике. Након молитве, Свети Дух јој је указао на цртани филм који је њен син тајно гледао — пун чини, духова који говоре и симбола које она није приметила.

Обрисала је емисије и помазала своју кућу и екране. Након неколико ноћи поноћне молитве и Псалма 91, напади су престали, а дечак је почео мирно да спава. Сада води групу за подршку која помаже родитељима да чувају визуелне капије своје деце.

Акциони план – Прочишћавање очне капије

1. Урадите **медијску ревизију** : Шта гледате? Читате? Скролујете?
2. Откажите претплате или платформе које хране ваше тело уместо ваше вере.
3. Помажите своје очи и екране, изговарајући Псалам 101:3.
4. Замените смеће побожним доприносом — документарцима, богослужењем, чистом забавом.
5. Прогласите:

„Нећу ставити ништа гнусно пред очи своје. Мој поглед припада Богу."

Групна пријава

- Изазов: 7-дневни Eye Gate пост — без токсичних медија, без празног скроловања.
- Подели: Који садржај вам је Свети Дух рекао да престанете да гледате?
- Вежба: Положите руке на очи и одрeците се сваке прљавштине кроз визије (нпр. порнографије, ужаса, сујете).
- Активност: Позовите чланове да бришу апликације, спаљују књиге или одбацују предмете који им кваре вид.

Алати: Маслиново уље, апликације за одговорност, чувари екрана са Светим писмима, молитвене картице „Eye Gate".

Кључни увид

Не можеш ходати у власти над демонима ако те они забављају.

Дневник рефлексије

- Чиме храним своје очи што можда храни таму у мом животу?
- Када сам последњи пут плакао због онога што слама Божје срце?
- Да ли сам дао Светом Духу потпуну контролу над својим временом проведеним испред екрана?

Молитва за чистоћу

Господе Исусе, молим да Твоја крв опере моје очи. Опрости ми за ствари које сам дозволио да уђу кроз своје екране, књиге и машту. Данас изјављујем да су моје очи за светлост, а не за таму. Одбацујем сваку слику, похоту и утицај који нису од Тебе. Очисти моју душу. Чувај мој поглед. И дај ми да видим оно што Ти видиш - у светости и истини. Амин.

ДАН 7: МОЋ ИЗА ИМЕНА — ОДРИЦАЊЕ НЕСВЕТИХ ИДЕНТИТЕТА

„И Јавис призва Бога Израиљевог говорећи: 'О, кад би ме заиста благословио...' И Бог му је дао оно што је тражио."
— *1. Летописа 4:10*

„Више се нећеш звати Аврам, него Аврам..." — *Постање 17:5*

Имена нису само етикете – то су духовне изјаве. У Светом писму, имена су често одражавала судбину, личност или чак ропство. Дати име нечему значи дати му идентитет и правац. Непријатељ то разуме – зато су многи људи несвесно заробљени под именима датим у незнању, болу или духовном ропству.

Као што је Бог мењао имена (Аврам у Аврам, Јаков у Израел, Сара у Сару), Он и даље мења судбине преименовањем свог народа.

Глобални контексти именског везништва

- **Африка** – Деца названа по преминулим прецима или идолима („Огбање", „Дике", „ Ифуњања " повезана са значењима).
- **Азија** – Имена реинкарнације везана за кармичке циклусе или божанства.
- **Европа** – Имена укорењена у паганском или врачарском наслеђу (нпр. Фреја, Тор, Мерлин).
- **Латинска Америка** – имена под утицајем сантерије, посебно кроз духовна крштења.
- **Северна Америка** – Имена преузета из поп културе, побуњеничких покрета или посвета предацима.

Имена су важна — и могу носити моћ, благослов или ропство.

Прича: „Зашто сам морала да преименујем ћерку"

У делу *„Већи подвизи"* 14 , нигеријски пар је назвао своју ћерку „Амака", што значи „лепа", али она је патила од ретке болести која је збуњивала лекаре. Током једне пророчке конференције, мајка је добила откровење: име је некада користила њена бака, врачарица, чији је дух сада преузео дете.

Променили су јој име у „Олуватамилоре" (Бог ме је благословио), а затим су почели пост и молитве. Дете се потпуно опоравило.

Још један случај из Индије укључивао је човека по имену „Карма", који се борио са генерацијским клетвама. Након што се одрекао хиндуистичких веза и променио име у „Џонатан", почео је да доживљава напредак у финансијама и здрављу.

Акциони план – Истраживање вашег имена

1. Истражите пуно значење својих имена - име, средње име, презиме.
2. Питајте родитеље или старије зашто сте добили та имена.
3. Одустаните од негативних духовних значења или посвећености у молитви.
4. Прогласите свој божански идентитет у Христу:

„Призван сам Божјим именом. Моје ново име је написано на небу (Откривење 2:17)."

ГРУПНО АНГАЖОВАЊЕ

- Питајте чланове: Шта значи ваше име? Да ли сте сањали о томе?
- Урадите „молитву именовања" — пророчки објављујући идентитет сваке особе.
- Положите руке на оне који треба да се ослободе имена везаних за завете или ропство предака.

Алати: Одштампајте картице са значењем имена, понесите уље за помазање, користите стихове о променама имена.

Кључни увид

Не можеш ходати у свом правом идентитету док и даље одговараш на лажни.

Дневник рефлексије

- Шта моје име значи — духовно и културно?
- Да ли се осећам усклађено са својим именом или у сукобу са њим?
- Којим именом ме небо зове?

Молитва за преименовање

Оче, у име Исусово, хвалом Ти што си ми дао нови идентитет у Христу. Прекидам свако проклетство, завет или демонску везу повезану са мојим именима. Одричем се сваког имена које није у складу са Твојом вољом. Примам име и идентитет који ми је небо дало - пун моћи, сврхе и чистоте. У име Исусово, амин.

ДАН 8: РАЗОБЛИКОВАЊЕ ЛАЖНЕ СВЕТЛОСТИ — ЗАМКЕ ЊУ ДОБА И АНЂЕЛСКЕ ОБМАНЕ

„И није чудо! Јер се сам Сатана претвара у анђела светлости." — 2. Коринћанима 11:14

„Љубљени, не верујте сваком духу, него испитујте духове да видите јесу ли од Бога..." — 1. Јованова 4:1

Није све што сија Бог.

У данашњем свету, све већи број људи тражи „светлост", „исцељење" и „енергију" ван Божје речи. Окрећу се медитацији, јога олтарима, активацији трећег ока, призивању предака, читању тарота, месечевим ритуалима, анђеоском каналисању, па чак и мистицизму који звучи хришћански. Обмана је јака јер често долази са миром, лепотом и моћи - у почетку.

Али иза ових покрета стоје духови прорицања, лажних пророчанстава и древних божанстава која носе маску светлости како би добила легалан приступ људским душама.

Глобални домет лажне светлости

- **Северна Америка** – кристали, чишћење жалфијом, закон привлачења, видовњаци, ванземаљски светлосни кодови.
- **Европа** – Ребрендирани паганизам, обожавање богиње, бело врачање, духовни фестивали.
- **Латинска Америка** – Сантерија помешана са католичким свецима, спиритистичким исцелитељима (курандерос).
- **Африка** – Пророчанске фалсификате са анђеоским олтарима и ритуалном водом.
- **Азија** – Чакре, јога „просветљење", саветовање о реинкарнацији,

храмовски духови.

Ове праксе могу понудити привремено „светло", али временом помрачују душу.

Сведочанство: Ослобођење од светлости која је обмањивала

Од *„Greater Exploits 14"*, Мерси (УК) је похађала радионице о анђелима и практиковала „хришћанску" медитацију са тамјаном, кристалима и анђеоским картама. Веровала је да приступа Божјој светлости, али је убрзо почела да чује гласове током сна и да осећа необјашњив страх ноћу.

Њено ослобођење је почело када јој је неко поклонио књигу *„The Jameses Exchange"*, и схватила је сличности између свог искуства и искуства бившег сатанисте који је говорио о анђеоским обманама. Покајала се, уништила све окултне предмете и подвргла се молитвама за потпуно ослобођење.

Данас, она храбро сведочи против обмане Њу ејџа у црквама и помогла је другима да се одрекну сличних путева.

Акциони план – Тестирање духова

1. **Направите попис својих пракси и веровања** — да ли су у складу са Светим писмом или се само осећају духовно?
2. од свих материјала лажне светлости **и уништите их : кристале, приручнике за јогу, анђеоске карте, хватаче снова итд.**
3. **Молите се Псалам 119:105** — замолите Бога да Његова Реч буде ваша једина светлост.
4. **Објавите рат збуњености** — вежите познате духове и лажна откровења.

ГРУПНА ПРИЈАВА

- **Дискутујте** : Да ли сте ви или неко кога познајете били увучени у „духовне" праксе које нису биле усредсређене на Исуса?
- **Разликовање у игрању улога** : Прочитајте одломке „духовних"

изрека (нпр. „Веруј универзуму") и упоредите их са Светим писмом.
- **Сесија помазања и ослобођења** : Разбијте олтаре лажном светлу и замените их заветом *светлости света* (Јован 8:12).

Алати Министарства :

- Донесите праве предмете Новог доба (или њихове фотографије) за наставу помоћу предмета.
- Измолите молитву за избављење од злих духова (видети Дела апостолска 16:16–18).

Кључни увид
Сатанино најопасније оружје није тама - то је лажна светлост.
Дневник рефлексије

- Да ли сам отворио духовна врата кроз „светла" учења која нису утемељена у Светом писму?
- Да ли верујем у Светог Духа или у интуицију и енергију?
- Да ли сам спреман да се одрекнем свих облика лажне духовности зарад Божје истине?

МОЛИТВА ОДРИЦАЊА

Оче , кајем се за сваки начин на који сам се забављао или ангажовао са лажном светлошћу. Одричем се свих облика Њу Ејџа, врачања и обмањујуће духовности. Прекидам сваку везу душе са анђеоским варалицама, духовним водичима и лажним откривењима. Примам Исуса, истинску Светлост света. Изјављујем да нећу следити ниједан глас осим Твог, у Исусово име. Амин.

ДАН 9: ОЛТАР КРВИ — ЗАВЕТИ КОЈИ ЗАХТЕВАЈУ ЖИВОТ

„*И сазидаше узвишице Ваалу... да би провели своје синове и своје кћери кроз огањ Молоху.*" — Јеремија 32:35

„*И победише га крвљу Јагњета и речју сведочанства свога...*" — Откривење 12:11

Постоје олтари који не траже само вашу пажњу - они захтевају вашу крв.

Од давнина до данас, крвни завети су били основна пракса царства таме. Неки се склапају свесно кроз врачање, абортус, ритуална убиства или окултне иницијације. Други се наслеђују кроз праксе предака или се несвесно спајају кроз духовно незнање.

Где год се пролива невина крв — било у светилиштима, спаваћим собама или салама за састанке — демонски олтар говори.

Ови олтари одузимају животе, скраћују судбине и стварају легално тло за демонске патње.

Глобални олтари крви

- **Африка** – Ритуална убиства, новчани ритуали, жртвовања деце, крвни пактови на рођењу.
- **Азија** – Храмовне крвне жртве, породичне клетве кроз абортус или ратне заклетве.
- **Латинска Америка** – Сантерија, жртвовања животиња, приношење крви духовима мртвих.
- **Северна Америка** – идеологија абортуса као свете тајне, братства демонске крвне заклетве.
- **Европа** – Древни друидски и масонски обреди, олтари крвопролића из доба Другог светског рата који се још увек не

кају.

Ови завети, осим ако се не прекрше, настављају да односе животе, често у циклусима.

Истинита прича: Жртва једног оца

У делу „*Ослобођена од моћи таме*", жена из Централне Африке открила је током сеансе ослобођења да су њени чести сусрети са смрћу повезани са крвном заклетвом коју је њен отац дао. Обећао јој је живот у замену за богатство након година неплодности.

Након што јој је отац умро, почела је да виђа сенке и доживљава скоро фаталне несреће сваке године на свој рођендан. Њен пробој се догодио када је била вођена да свакодневно изговара Псалам 118:17 — „*Нећу умрети, него ћу живети...*" — над собом, након чега је следио низ молитава за одрицање и пост. Данас, она води снажну заступничку службу.

Још један извештај из књиге „*Greater Exploits 14*" описује човека у Латинској Америци који је учествовао у иницијацији у банду која је укључивала проливање крви. Годинама касније, чак и након што је прихватио Христа, његов живот је био у сталном превирању — све док није прекршио крвни завет кроз продужени пост, јавну исповест и крштење водом. Мучење је престало.

Акциони план – Утишавање крвних олтара

1. **Покајте се** за било какав побачај, пактове са окултном крвљу или наслеђено крвопролиће.
2. **Одреците се** свих познатих и непознатих крвних завета гласно, поименично.
3. **Постите 3 дана** уз свакодневно причешће, проглашавајући крв Исусову својим законским покривачем.
4. **Изјавите наглас:**

„*Крвљу Исусовом, кршим сваки крвни завет склопљен у моје име. Искупљен сам!*"

ГРУПНА ПРИЈАВА

- Размотрите разлику између природних крвних веза и демонских крвних завета.
- Користите црвену траку/конац да представите крвне олтаре и маказе да их пророчки исечете.
- Позовите некога ко се ослободио крвног ропства да да сведочанство.

Алати Министарства:

- Елементи причешћа
- Уље за помазање
- Декларације о ослобађању
- Визуелно ломљење олтара уз светлост свећа ако је могуће

Кључни увид
Сатана тргује крвљу. Исус је преплатио твоју слободу Својом.

Дневник рефлексије

- Да ли сам ја или моја породица учествовао/учествовала у нечему што је укључивало крвопролиће или заклетве?
- Да ли постоје понављајуће смрти, побачаји или насилни обрасци у мојој крвној лози?
- Да ли сам потпуно веровао да ће Исусова крв гласније говорити о мом животу?

Молитва за ослобођење
Господе Исусе, хвалом Ти се за Твоју драгоцену крв која говори боље ствари од Авељеве крви. Кајем се за сваки завет крви који сам ја или моји преци склопили, свесно или несвесно. Сада их се одричем. Изјављујем да сам покривен крвљу Јагњета. Нека сваки демонски олтар који захтева мој живот буде ућуткан и разбијен. Живим јер си Ти умро за мене. У Исусово име, амин.

ДАН 10: НЕПЛОДНОСТ И СЛОМЉЕНОСТ — КАДА УТРОБА ПОСТАНЕ БОЈНО ПОЉЕ

„Нико неће побацивати нити бити нерођајн у твојој земљи; испунићу број твојих дана." — Излазак 23:26

„Он даје нерођајној жени породицу, чини је срећном мајком. Хвалите Господа!" — Псалам 113:9

Неплодност је више од медицинског проблема. Она може бити духовно упориште укорењено у дубоким емоционалним, предачким, па чак и територијалним биткама.

Широм народа, непријатељ користи неплодност да посрами, изолује и уништи жене и породице. Док су неки узроци физиолошки, многи су дубоко духовни - повезани са генерацијским олтарима, клетвама, духовним супружницима, абортираним судбинама или ранама душе.

Иза сваке неплодне утробе, рај има обећање. Али често постоји борба која се мора водити пре зачећа — у утроби и у духу.

Глобални обрасци неплодности

- **Африка** – Повезано са полигамијом, клетвама предака, пактовима са светилиштима и духовном децом.
- **Азија** – веровања о карми, завети из прошлих живота, генерацијске клетве, култура срама.
- **Латинска Америка** – Затварање материце изазвано врачањем, чини зависти.
- **Европа** – прекомерна зависност од вантелесне оплодње, жртвовања деце од стране слободних зидара, кривица због абортуса.
- **Северна Америка** – Емоционална траума, душевне ране, циклуси

побачаја, лекови који мењају хормоне.

ПРАВЕ ПРИЧЕ – ОД СУЗА до сведочанстава
Марија из Боливије (Латинска Америка)

Марија је имала 5 побачаја. Сваки пут би сањала да држи бебу која плаче, а затим би следећег јутра видела крв. Лекари нису могли да објасне њено стање. Након што је прочитала сведочанство у часопису „*Greater Exploits*", схватила је да је наследила породични олтар неплодности од баке која је све женске материце посветила локалном божанству.

Постила је и декламисала Псалам 113 14 дана. Њен пастор ју је водио у кршењу завета користећи причешће. Девет месеци касније, родила је близанце.

Нгози из Нигерије (Африка)

Нгози је била удата 10 година без деце. Током молитава за ослобођење, откривено је да је удата у духовном царству за морског мужа. Сваког циклуса овулације, имала је сексуалне снове. Након низа молитава поноћног ратовања и пророчанског чина спаљивања венчаног прстена из прошле окултне иницијације, њена материца се отворила.

Акциони план – Отварање материце

1. **Идентификујте корен** – претковски, емоционални, брачни или медицински.
2. **Покајте се за прошла абортусе**, везе између душа, сексуалне грехе и окултне посвећености.
3. **Помажите своју утробу свакодневно** док изговарате Излазак 23:26 и Псалам 113.
4. **Пости 3 дана** и причешћуј се свакодневно, одбацујући све олтаре везане за твоју утробу.
5. **Говори наглас**:

Моја утроба је благословена. Одбацујем сваки завет неплодности. Зачећу и изнети до краја снагом Светог Духа!

Групна пријава

- Позовите жене (и парове) да поделе терет кашњења у безбедном, молитвеном простору.
- Користите црвене мараме или тканине везане око струка - а затим пророчански одвезане као знак слободе.
- Водите пророчку церемонију „именовања" — прогласите децу која се тек требају родити вером.
- Прекините клетве речима, културни стид и мржњу према себи у молитвеним круговима.

Алати Министарства:

- Маслиново уље (помазивање материца)
- Причешће
- Огртачи/шалови (симболизују покривање и новину)

Кључни увид

Неплодност није крај — то је позив на рат, на веру и на обнову. Божје одлагање није порицање.

Дневник рефлексије

- Које су емоционалне или духовне ране везане за моју материцу?
- Да ли сам дозволио/допустила да стид или горчина замене моју наду?
- Да ли сам спреман да се суочим са коренским узроцима вером и деловањем?

Молитва за исцељење и зачеће

Оче, стојим на Твојој Речи која каже да нико неће бити неплодан на земљи. Одбацујем сваку лаж, олтар и дух који је додељен да спречи моју плодност. Опраштам себи и другима који су говорили зло о мом телу. Примам исцељење, обнову и живот. Проглашавам своју утробу плодном, а своју радост пуном. У Исусово име. Амин.

ДАН 11: АУТОИМУНИ ПОРЕМЕЋАЈИ И ХРОНИЧНИ УМОР — НЕВИДЉИВИ РАТ УНУТРА

„Дом који је сам у себи подељен неће опстати." — Матеј 12:25
„Слабима даје снагу, а немоћнима увећава снагу." — Исаија 40:29

Аутоимуне болести су болести код којих тело напада само себе — погрешно сматрајући сопствене ћелије непријатељима. Лупус, реуматоидни артритис, мултипла склероза, Хашимотова болест и друге спадају у ову групу.

Синдром хроничног умора (CFS), фибромијалгија и други необјашњиви поремећаји исцрпљености често се преклапају са аутоимуним проблемима. Али поред биолошких проблема, многи који пате носе емоционалне трауме, душевне ране и духовни терет.

Тело вапи — не само за лековима, већ за миром. Многи су у рату изнутра.

Глобални поглед

- **Африка** – Повећање броја аутоимуних дијагноза повезаних са траумом, загађењем и стресом.
- **Азија** – Високе стопе поремећаја штитне жлезде повезане су са потискивањем предака и културом срама.
- **Европа и Америка** – Епидемија хроничног умора и сагоревања из културе вођене учинком.
- **Латинска Америка** – Пацијентима се често постављају погрешне дијагнозе; стигма и духовни напади кроз фрагментацију душе или проклетства.

Скривени духовни корени

- **Самомржња или стид** — осећај да „нисам довољно добар".
- **Неопроштај према себи или другима** - имуни систем опонаша духовно стање.
- **Непрерађена туга или издаја** — отвара врата умору душе и физичком слому.
- **Стреле врачања или љубоморе** — користе се за исцрпљивање духовне и физичке снаге.

Истините приче – битке вођене у мраку
Елена из Шпаније

Елени је дијагностикован лупус након дуге, злостављајуће везе која ју је емоционално сломила. Током терапије и молитве, откривено је да је интернализовала мржњу, верујући да је безвредна. Када је почела да себи опрашта и да се суочава са душевним ранама помоћу Светог писма, њени испади су се драстично смањили. Она сведочи о исцелитељској моћи Речи и чишћењу душе.

Џејмс из САД

Џејмс, амбициозни корпоративни руководилац, срушио се од синдрома хроничног умора након 20 година непрекидног стреса. Током ослобођења, откривено је да генерацијско проклетство борбе без одмора мучи мушкарце у његовој породици. Ушао је у сезону сабата, молитве и исповести и пронашао је обнову не само здравља, већ и идентитета.

Акциони план – Исцељење душе и имуног система

1. **Молите се наглас сваког јутра Псалам 103:1–5** — посебно стихове 3-5.
2. **Наведите своја унутрашња уверења** — шта говорите себи? Разбијте лажи.
3. **Дубоко опростите** — посебно себи.
4. **Примите причест** да бисте ресетовали завет тела — видети Исаија 53.
5. **Почивај у Богу** — субота није опционална, то је духовна борба против исцрпљености.

Изјављујем да моје тело није мој непријатељ. Свака ћелија у мени ће се ускладити са божанским редом и миром. Примам Божју снагу и исцељење.

Групна пријава

- Нека чланови поделе обрасце умора или емоционалне исцрпљености које крију.
- Урадите вежбу „ослобађања душе" – запишите терете, а затим их симболично спалите или закопајте.
- Положите руке на оне који пате од аутоимуних симптома; заповедајте равнотежом и миром.
- Подстакните седмодневне записи о емоционалним окидачима и исцељујућим стиховима из Светог писма.

Алати Министарства:

- Етерична уља или мирисно помазање за освежење
- Дневници или бележнице
- Звучна подлога за медитацију из Псалма 23

Кључни увид

Оно што напада душу често се манифестује у телу. Исцељење мора да тече изнутра.

Дневник рефлексије

- Да ли се осећам безбедно у свом телу и мислима?
- Да ли кријем стид или кривицу због прошлих неуспеха или трауме?
- Шта могу да урадим да почнем да поштујем одмор и мир као духовне праксе?

Молитва за обнављање

Господе Исусе, Ти си мој Исцелитељ. Данас одбацујем сваку лаж да сам сломљен, прљав или осуђен на пропаст. Опраштам себи и другима. Благосиљам сваку ћелију у свом телу. Добијам мир у својој души и усклађеност у свом имунолошком систему. Твојим ранама сам исцељен. Амин.

ДАН 12: ЕПИЛЕПСИЈА И МЕНТАЛНА МУКА — КАДА УМ ПОСТАНЕ БОЈНО ПОЉЕ

„Господе, смилуј се сину моме, јер је луд и веома је мучан; често пада у огањ, а често у воду." — Матеј 17:15

„Бог нам није дао духа страха, него силе, љубави и разборитости." — 2. Тимотеју 1:7

Неке патње нису само медицинске - оне су духовна бојна поља прикривена као болест.

Епилепсија, напади, шизофренија, биполарне епизоде и обрасци мучења у уму често имају невидљиве корене. Иако лекови имају своје место, расуђивање је кључно. У многим библијским извештајима, напади и ментални напади били су резултат демонског угњетавања.

Модерно друштво лечи оно што Исус често *избацује* .

Глобална стварност

- **Африка** – Напади се често приписују клетвама или духовима предака.
- **Азија** – Епилептичари се често крију због стида и духовне стигме.
- **Латинска Америка** – Шизофренија повезана са генерацијским врачањем или неуспелим позивима.
- **Европа и Северна Америка** – Прекомерна дијагноза и прекомерна употреба лекова често прикривају демонске узроке.

Праве приче – Избављење у огњу
Муса из северне Нигерије

Муса је имао епилептичке нападе од детињства. Његова породица је испробала све - од локалних лекара до црквених молитава. Једног дана, током службе ослобођења, Дух је открио да га је Мусин деда понудио у размени за врачање. Након што је прекршио завет и помазао га, никада више није имао напад.

Данијел из Перуа

Данијелу је дијагностикован биполарни поремећај, а борио се са насилним сновима и гласовима. Касније је открио да је његов отац био умешан у тајне сатанске ритуале у планинама. Молитве за ослобођење и тродневни пост донели су јасноћу. Гласови су престали. Данас је Данијел смирен, опорављен и спрема се за службу.

Знаци на које треба обратити пажњу

- Понављане епизоде нападаја без познатог неуролошког узрока.
- Гласови, халуцинације, насилне или суицидалне мисли.
- Губитак времена или памћења, необјашњив страх или физички напади током молитве.
- Породични обрасци лудила или самоубиства.

Акциони план – Преузимање власти над умом

1. Покајте се за све познате окултне везе, трауме или клетве.
2. Свакодневно полагајте руке на главу своју, објављујући здрав разум (2. Тимотеју 1:7).
3. Постите и молите се над духовима који вам везују ум.
4. Прекршите заклетве предака, посвете или клетве крвних лоза.
5. Ако је могуће, придружите се јаком молитвеном партнеру или тиму за ослобађање.

Одбацујем сваки дух муке, нападе и збуњености. Примам здрав разум и стабилне емоције у Исусово име!

Групна служба и пријава

- Идентификујте породичне обрасце менталних болести или напада.
- Молите се за оне који пате — користите уље за помазање на челу.
- Нека заговорници ходају по соби и говоре: „Мир, утишај се!" (Марко 4:39)
- Позовите оне који су погођени да прекрше усмене договоре: „Нисам луд. Исцељен сам и цео."

Алати Министарства:

- Уље за помазање
- Картице са изјавом о исцељењу
- Музика за богослужење која служи миру и идентитету

Кључни увид

Није свака невоља само физичка. Неке су укорењене у древним заветима и демонским правним основама којима се мора духовно позабавити.

Дневник рефлексије

- Да ли сам икада био мучен у својим мислима или сну?
- Да ли постоје неизлечене трауме или духовна врата која треба да затворим?
- Коју истину могу свакодневно да изјављујем да бих учврстио свој ум у Божјој Речи?

Молитва за здравље

Господе Исусе, Ти си Обновитељ мог ума. Одричем се сваког завета, трауме или демонског духа који напада мој мозак, емоције и јасноћу. Добијам исцељење и здрав разум. Одлучујем да ћу живети, а не умрети. Деловаћу пуном снагом, у Исусово име. Амин.

ДАН 13: ДУХ СТРАХА — РАЗБИЈАЊЕ КАВЕЗА НЕВИДЉИВЕ МУКЕ

„Јер нам Бог није дао духа страха, него силе и љубави и здравог разума." — 2. Тимотеју 1:7

„Страх има муку..." — 1. Јованова 4:18

Страх није само емоција — може бити *дух*.

Он шапуће неуспех пре него што почнете. Увећава одбацивање. Он осакаћује сврху. Паралише нације.

Многи су у невидљивим затворима изграђеним страхом: страхом од смрти, неуспеха, сиромаштва, људи, болести, духовне борбе и непознатог.

Иза многих напада анксиозности, паничних поремећаја и ирационалних фобија крије се духовни задатак послат да **неутралише судбине**.

Глобалне манифестације

- **Африка** – Страх укорењен у генерацијским клетвама, одмазди предака или реакцији на врачање.
- **Азија** – Културни стид, кармички страх, страх од реинкарнације.
- **Латинска Америка** – Страх од клетви, сеоских легенди и духовне одмазде.
- **Европа и Северна Америка** – Скривена анксиозност, дијагностиковани поремећаји, страх од конфронтације, успеха или одбацивања – често духовно, али означено као психолошко.

Праве приче – Разоткривање духа

Сара из Канаде

Годинама Сара није могла да спава у мраку. Увек је осећала присуство у соби. Лекари су то дијагностиковали као анксиозност, али ниједан третман није деловао. Током онлајн сеансе ослобођења, откривено је да је страх из детињства отворио врата мучном духу кроз ноћну мору и хорор филм. Покајала се, одрекла се страха и наредила му да оде. Сада спава у миру.

Уче из Нигерије

Уче је био позван да проповеда, али сваки пут када би стао пред људе, смрзао би се. Страх је био неприродан - гушећи, паралишући. У молитви, Бог му је показао проклетство које је изговорио учитељ који му се ругао гласом као детету. Та реч је формирала духовни ланац. Када је прекинут, почео је да проповеда са смелошћу.

Акциони план – Превазилажење страха

1. **Признајте сваки страх по имену** : „Одричем се страха од [_____] у Исусово име."
2. **Читајте наглас Псалам 27 и Исаију 41 свакодневно.**
3. **Обожавајте док мир не замени панику.**
4. **Брзо се клоните медија заснованих на страху — хорор филмова, вести, трачева.**
5. **Свакодневно изјављујте** : „Здравог сам разума. Нисам роб страха."

Групна пријава – Продор у заједницу

- Питајте чланове групе: Који страх вас је највише паралисао?
- Поделите се у мање групе и водите молитве **одрицања** и **замене** (нпр. страх → смелост, анксиозност → самопоуздање).
- Нека свака особа запише један страх и спали га као пророчки чин.
- Користите *уље за помазање* и *исповести из Светог писма* једно преко другог.

Алати Министарства:

- Уље за помазање
- Картице са изјавама из Светог писма

- Песма богослужења: „Нису више робови" од Бетел

Кључни увид

Толерисани страх је **загађен вером**.
Не можете бити истовремено смели и уплашени – изаберите смелост.

Дневник рефлексије

- Који страх ме прати од детињства?
- Како је страх утицао на моје одлуке, здравље или односе?
- Шта бих другачије урадио/ла да сам потпуно слободан/на?

Молитва за ослобођење од страха

Оче, одричем се духа страха. Затварам свака врата кроз трауму, речи или грех која су страху омогућила приступ. Примам Духа силе, љубави и здравог ума. Објављујем смелост, мир и победу у Исусово име. Страх више нема места у мом животу. Амин.

ДАН 14: САТАНСКИ ОБЕЛЕЖАЈИ — БРИСАЊЕ НЕЧАСНОГ ЖИГОТА

„Од сада нека ме нико не узнемирава, јер носим на свом телу белеге Господа Исуса." — Галаћанима 6:17

„Ставићу име моје на синове Израиљеве, и ја ћу их благословити." — Бројеви 6:27

Многе судбине су тихо *обележене* у духовном царству — не од Бога, већ од непријатеља.

Ови сатанистички обележја могу се јавити у облику чудних телесних знакова, снова о тетоважама или жигосању, трауматског злостављања, крвних ритуала или наслеђених олтара. Неки су невидљиви - препознају се само кроз духовну осетљивост - док се други појављују као физички знаци, демонске тетоваже, духовно жигосање или упорне слабости.

Када је особа обележена непријатељем, може доживети:

- Стално одбацивање и мржња без разлога.
- Понављани духовни напади и блокаде.
- Прерана смрт или здравствене кризе у одређеним годинама.
- Праћење у духу — увек видљиво тами.

Ови знакови функционишу као *легалне ознаке*, дајући мрачним духовима дозволу да муче, одлажу или прате.

Али Исусова крв **чисти** и **преображава**.

Глобални изрази

- **Африка** – Племенске ознаке, ритуални посекотине, ожиљци окултне иницијације.
- **Азија** – Духовни печати, симболи предака, кармички знакови.

- **Латинска Америка** – Брујерија (вештичарење) иницијацијски знаци, знаци рођења који се користе у ритуалима.
- **Европа** – амблеми слободних зидара, тетоваже које призивају духовне водиче.
- **Северна Америка** – симболи новог доба, тетоваже ритуалног злостављања, демонско жигосање кроз окултне завете.

Праве приче – Моћ ребрендирања
Давид из Уганде

Давид се стално суочавао са одбацивањем. Нико није могао да објасни зашто, упркос његовом таленту. У молитви, један пророк је видео „духовни X" на његовом челу - знак из ритуала из детињства који је обавио сеоски свештеник. Током ослобођења, знак је духовно избрисан кроз помазање уљем и изјаве о Исусовој крви . Његов живот се променио у року од неколико недеља - оженио се, добио посао и постао омладински вођа.

Сандра из Бразила

Сандра је имала тетоважу змаја из своје тинејџерске побуне. Након што је предала свој живот Христу, примећивала је интензивне духовне нападе кад год би постила или се молила. Њен пастор је препознао да је тетоважа демонски симбол повезан са праћењем духова. Након сеансе покајања, молитве и унутрашњег исцељења, уклонила је тетоважу и прекинула везу душе. Њене ноћне море су одмах престале.

Акциони план – Избриши траг

1. **Замолите Светог Духа** да вам открије све духовне или физичке обележја у вашем животу.
2. **Покајте се** за свако лично или наслеђено учешће у ритуалима који су им то омогућили.
3. **Нанесите крв Исусову** по свом телу - челу, рукама, стопалима.
4. **Прекините духове који прате, везе душе и законска права** везана за ознаке (видети стихове испод).
5. **Уклоните физичке тетоваже или предмете** (као што је означено) који су повезани са мрачним заветима.

Групна пријава – Ребрендирање у Христу

- Питајте чланове групе: Да ли сте икада имали жиг или сан да будете брендирани?
- Водите молитву **очишћења и поновног посвећења** Христу.
- Помажите чела уљем и изјавите: „*Сада носите жиг Господа Исуса Христа.*"
- Престаните да пратите духове и преусмерите њихов идентитет у Христу.

Алати Министарства:

- Маслиново уље (благословено за помазање)
- Огледало или бела тканина (симболично прање)
- Причешће (запечатити нови идентитет

Кључни увид

Оно што је обележено у духу, то се **види у духу** — уклоните оно чиме вас је непријатељ обележио.

Дневник рефлексије

- Да ли сам икада видео чудне трагове, модрице или симболе на свом телу без објашњења?
- Да ли постоје предмети, пирсинги или тетоваже којих се требам одрећи или уклонити?
- Да ли сам у потпуности поново посветио своје тело као храм Светог Духа?

Молитва за ребрендирање

Господе Исусе, одричем се сваког жига, завета и посвећености учињене у мом телу или духу ван Твоје воље. Твојом крвљу бришем сваки сатански жиг. Изјављујем да сам обележен само за Христа. Нека Твој печат власништва буде на мени и нека сваки дух који ме прати сада изгуби из вида. Више нисам видљив тами. Ходам слободно — у Исусово име, амин.

ДАН 15: ЦАРСТВО ОГЛЕДАЛА — БЕКСТВО ИЗ ЗАТВОРА ОДРАЗАЈА

„Јер сада видимо као кроз стакло, у замагљеној светлости; а онда лицем у лице..." — 1. Коринћанима 13:12

„Имају очи, али не виде, уши, али не чују..." — Псалам 115:5–6

постоји **царство огледала** — место *лажних идентитета*, духовних манипулација и мрачних одраза. Оно што многи виде у сновима или визијама могу бити огледала која нису од Бога, већ алати обмане из мрачног царства.

У окултизму, огледала се користе за **хватање душа**, **праћење живота** или **пренос личности**. У неким сеансама ослобођења, људи извештавају да виде себе како „живе" на другом месту - унутар огледала, на екрану или иза духовног вела. То нису халуцинације. Често су то сатански затвори осмишљени да:

- Фрагментирај душу
- Одложи судбину
- Збуњујући идентитет
- Домаћин алтернативних духовних временских линија

Циљ? Створити *лажну верзију* себе која живи под демонском контролом док твоје право ја живи у збуњености или поразу.

Глобални изрази

- **Африка** – Огледалско врачање које користе врачари за праћење, хватање у замку или напад.
- **Азија** – Шамани користе чиније са водом или полирано камење да би „видели" и призвали духове.

- **Европа** – Ритуали црног огледала, некромантија кроз одразе.
- **Латинска Америка** – Гатање кроз обсидијанска огледала у астечким традицијама.
- **Северна Америка** – Огледалски портали новог доба, посматрање кроз огледала за астрална путовања.

Сведочење — „Девојка у огледалу"
Марија са Филипина

Марија је сањала да је заробљена у соби пуној огледала. Сваки пут када би напредовала у животу, видела би верзију себе у огледалу како је вуче уназад. Једне ноћи током ослобођења, вриснула је и описала себе како „излази из огледала" у слободу. Њен пастор јој је помазао очи и водио је ка одрицању од манипулације огледалима. Од тада, њена ментална јасноћа, пословни и породични живот су се променили.

Дејвид из Шкотске

Дејвид, некада дубоко у медитацији новог доба, практиковао је „рад са сенкама огледала". Временом је почео да чује гласове и да види себе како ради ствари које никада није намеравао. Након што је прихватио Христа, један службеник за ослобођење прекинуо је везе душе са огледалом и помолио се над његовим умом. Дејвид је изјавио да се први пут после година осећао као да се „магла разишла".

Акциони план – Разбијте чаролију огледала

1. **Одустаните од** сваке познате или непознате повезаности са огледалима која се користе духовно.
2. **Покријте сва огледала у свом дому** тканином током молитве или поста (ако се води).
3. **Помажи очи и чело** — изјави да сада видиш само оно што Бог види.
4. **Користите Свето писмо** да бисте објавили свој идентитет у Христу, а не у лажном размишљању:
    - *Исаија 43:1*
    - *2. Коринћанима 5:17*
    - *Јован 8:36*

ГРУПНА ПРИЈАВА – ОБНОВА идентитета

- Питајте: Да ли сте икада сањали огледала, двојнике или да вас неко посматра?
- Водите молитву за опоравак идентитета — проглашавајући слободу од лажних верзија себе.
- Положите руке на очи (симболично или у молитви) и молите се за јасноћу вида.
- Користите огледало у групи да пророчки изјавите: *„Ја сам онај који Бог каже да јесам. Ништа друго."*

Алати Министарства:

- Бела тканина (која покрива симболе)
- Маслиново уље за помазивање
- Водич за прокламацију пророчког огледала

Кључни увид

Непријатељ воли да искривљује начин на који видите себе — јер је ваш идентитет ваша приступна тачка судбини.

Дневник рефлексије

- Да ли сам веровао/ла у лажи о томе ко сам?
- Да ли сам икада учествовао/учествовала у ритуалима са огледалима или несвесно дозволио/дозволила врачање са огледалима?
- Шта Бог каже о томе ко сам ја?

Молитва за ослобођење из Царства огледала

Оче на небесима, кршим сваки завет са огледалним царством - сваким мрачним одразом, духовним двојником и лажном временском линијом. Одричем се свих лажних идентитета. Изјављујем да сам онај за кога кажеш да јесам. Крвљу Исусовом, излазим из затвора одраза и улазим у пуноћу своје сврхе. Од данас, видим очима Духа - у истини и јасноћи. У Исусово име, амин.

ДАН 16: РАСКИД ВЕЗОВА РЕЧНИХ ПРОКЛЕТВИ — ПОВРАЋАЊЕ СВОГ ИМЕНА, СВОЈЕ БУДУЋНОСТИ

„Смрт и живот су у власти језика..." — Пословице 18:21

„Ниједно оружје сковано против тебе неће успети, и сваки језик који се дигне против тебе на суду осудићеш..." — Исаија 54:17

Речи нису само звуци — оне су **духовни саставни делови**, који носе моћ да благослове или да вежу. Многи људи несвесно ходају под **теретом клетви које** над њима изговарају родитељи, учитељи, духовни вође, бивши љубавници или чак њихова сопствена уста.

Неки су ово већ чули:

- „Никада нећеш ништа постићи."
- „Баш си као твој отац — бескористан."
- „Све чега се дотакнеш пропадне."
- „Ако те ја не могу имати, нико неће."
- „Проклет си... гледај и видећеш."

Речи попут ових, једном изговорене у бесу, мржњи или страху — посебно од стране некога на власти — могу постати духовна замка. Чак и самоизговорене клетве попут „Волео бих да се никада нисам родио" или „Никада се нећу оженити" могу непријатељу дати правно тло.

Глобални изрази

- **Африка** – Племенске клетве, родитељске клетве због побуне, клетве на пијаци.
- **Азија** – изјаве речима засноване на карми, завети предака изговорени над децом.

- **Латинска Америка** – клетве Брујерије (вештичарења) активиране изговореном речју.
- **Европа** – Изговорене клетве, породична „пророчанства" која се сама испуњавају.
- **Северна Америка** – Вербално злостављање, окултни напеви, афирмације мржње према себи.

Било да су шапутане или викане, клетве изговорене са емоцијама и веровањем носе тежину у духу.

Сведочанство — „Када је моја мајка говорила о смрти"
Кејша (Јамајка)

Кеиша је одрастала слушајући своју мајку како говори: *„Ти си разлог зашто ми је живот уништен."* Сваког рођендана би се десило нешто лоше. Са 21 годином покушала је самоубиство, уверена да њен живот нема вредност. Током службе ослобођења, свештеник је питао: *„Ко је говорио смрт над твојим животом?"* Сломила се. Након што се одрекла речи и опростила, коначно је доживела радост. Сада учи младе девојке како да говоре живот над собом.

Андреј (Румунија)

Андрејев учитељ је једном рекао: *„Завршићеш у затвору или ћеш умрети пре него што напуниш 25 година."* Та изјава га је прогањала. Упао је у криминал, а са 24 године је ухапшен. У затвору је срео Христа и схватио клетву са којом се сложио. Написао је учитељу писмо опроштаја, поцепао сваку лаж изговорену о њему и почео да говори Божја обећања. Сада води затворску службу за помоћ људима.

Акциони план – Преокрените клетву

1. Запишите негативне изјаве изговорене о вама - од стране других или ви сами.
2. У молитви **се одреците сваке речи клетве** (изговорите је наглас).
3. **Опрости** особи која је то изговорила.
4. **Говори Божју истину** о себи да би заменио клетву благословом:
   - *Јеремија 29:11*
   - *Поновљени закони 28:13*
   - *Римљанима 8:37*

- *Псалам 139:14*

Групна пријава – Моћ речи

- Питајте: Које су изјаве обликовале ваш идентитет - добре или лоше?
- У групама, изговарајте клетве наглас (са осетљивошћу) и уместо њих изговарајте благослове.
- Користите картице са стиховима из Светог писма — свака особа наглас чита 3 истине о свом идентитету.
- Охрабрите чланове да започну седмодневну *Декрет о благослову* над собом.

Алати Министарства:

- Флеш картице са идентитетом Светог писма
- Маслиново уље за помазивање уста (освећење говора)
- Изјаве у огледалу - свакодневно говорите истину преко свог одраза

Кључни увид

Ако је изречена клетва, она се може разбити — и уместо ње може се изговорити нова реч живота.

Дневник рефлексије

- Чије су речи обликовале мој идентитет?
- Да ли сам проклео себе кроз страх, бес или стид?
- Шта Бог каже о мојој будућности?

Молитва за разбијање клетви речима

Господе Исусе, одричем се сваке клетве изговорене над мојим животом — од стране породице, пријатеља, учитеља, љубавника, па чак и мене самог. Опраштам сваки глас који је проглашавао неуспех, одбацивање или смрт. Ломим моћ тих речи сада, у Исусово име. Изговарам благослов, наклоност и судбину над својим животом. Ја сам онај који Ти кажеш да јесам — вољен, изабран, исцељен и слободан. У Исусово име. Амин.

ДАН 17: ОСЛОБАЂАЊЕ ОД КОНТРОЛЕ И МАНИПУЛАЦИЈЕ

„Вештичарење нису увек одоре и казани — понекад су то речи, емоције и невидљиве поводце."

„Јер је побуна као грех врачања, а тврдоглавост као безакоње и идолопоклонство."

— 1. Самуилова 15:23

Вештичарење се не налази само у светилиштима. Често носи осмех и манипулише кроз кривицу, претње, ласкање или страх. Библија изједначава побуну - посебно побуну која врши безбожну контролу над другима - са врачањем. Кад год користимо емоционални, психолошки или духовни притисак да бисмо доминирали туђом вољом, ходамо по опасној територији.

Глобалне манифестације

- **Африка** — Мајке које у бесу проклињу децу, љубавници везују друге „џуџом" или љубавним напицима, духовни вође застрашују следбенике.
- **Азија** — Гуруова контрола над ученицима, родитељске уцене у договореним браковима, манипулације енергетским кабловима.
- **Европа** — масонске заклетве које контролишу генерацијско понашање, верску кривицу и доминацију.
- **Латинска Америка** — Брухерија (вештичарење) коришћена за задржавање партнера, емоционална уцена утемељена у породичним клетвама.
- **Северна Америка** — Нарцисоидно родитељство, манипулативно вођство маскирано као „духовни покривач", пророчанство засновано на страху.

Глас врачања често шапуће: *„Ако ово не урадиш, изгубићеш мене, изгубићеш Божју наклоност или ћеш патити."*

Али права љубав никада не манипулише. Божји глас увек доноси мир, јасноћу и слободу избора.

Права прича — Прекидање невидљивог поводца

Грејс из Канаде била је дубоко укључена у пророчку службу где је вођа почео да диктира са ким може да излази, где може да живи, па чак и како да се моли. У почетку се осећала духовно, али временом се осећала као заробљеница његових мишљења. Кад год би покушала да донесе самосталну одлуку, речено јој је да се „буни против Бога". Након слома и читања књиге *„Greater Exploits 14"*, схватила је да је то харизматично врачање - контрола маскирана као пророчанство.

Грејс се одрекла везе душе са својим духовним вођом, покајала се због сопственог пристајања на манипулацију и придружила се локалној заједници ради исцељења. Данас је цела и помаже другима да се ослободе верског злостављања.

Акциони план — Препознавање врачања у везама

1. Запитајте се: *Да ли се осећам слободно у близини ове особе или се плашим да ћу је разочарати?*
2. Наведите односе у којима се кривица, претње или ласкање користе као алати контроле.
3. Одрећите се сваке емоционалне, духовне или душевне везе која вас чини доминираним или безгласним.
4. Молите се наглас да бисте прекинули сваку манипулативну поводцу у свом животу.

Алати за Свето писмо

- 1. Самуилова 15:23 – Побуна и врачање
- Галаћанима 5:1 – „Стојте чврсто... немојте се поново оптеретити јармом ропства."
- 2. Коринћанима 3:17 – „Где је Дух Господњи, онде је слобода."
- Михеј 3:5–7 – Лажни пророци користе застрашивање и подмићивање

Групна дискусија и пријава

- Поделите (анонимно ако је потребно) време када сте се осећали духовно или емоционално манипулисано.
- Одиграјте улоге молитве „говорења истине" — ослобађање контроле над другима и повратак своје воље.
- Нека чланови напишу писма (стварна или симболична) прекидајући везе са контролним фигурама и проглашавајући слободу у Христу.

Алати Министарства:

- Упарите партнере за ослобађање.
- Користите уље за помазање да бисте прогласили слободу над умом и вољом.
- Користите причест да поново успоставите завет са Христом као *јединим правим покривачем* .

Кључни увид

Где манипулација живи, врачање цвета. Али где је Божји Дух, тамо је слобода.

Дневник рефлексије

- Коме или чему сам дозволио да контролише мој глас, вољу или правац?
- Да ли сам икада користио/ла страх или ласкање да бих постигао/ла своје?
- Које кораке ћу предузети данас да бих ходао у Христовој слободи?

Молитва за ослобођење

Небески Оче, одричем се сваког облика емоционалне, духовне и психолошке манипулације која делује у мени или око мене. Прекидам сваку везу душе укорењену у страху, кривици и контроли. Ослобађам се побуне, доминације и застрашивања. Изјављујем да ме води само Твој Дух. Примам благодат да ходам у љубави, истини и слободи. У Исусово име. Амин.

ДАН 18: СЛОМИТИ МОЋ НЕОПРАШТАЊА И ГОРЧИНЕ

"Неопроштај је као да пијеш отров и очекујеш да ће друга особа умрети."

„Пазите... да не изникне горки корен који ће изазвати невољу и осквpнити многе."
— Јеврејима 12:15

Горчина је тихи разарач. Може почети са болом - издајом, лажи, губитком - али када се не контролише, прераста у неопроштај, и коначно, у корен који трује све.

Неопроштај отвара врата мучним духовима (Матеј 18:34). Он замагљује расуђивање, омета исцељење, гуши ваше молитве и блокира ток Божје силе.

Ослобођење није само истеривање демона - већ ослобађање онога што држите у себи.

ГЛОБАЛНИ ИЗРАЗИ ГОРЧИНЕ

- **Африка** – Племенски ратови, политичко насиље и породичне издаје преносили су се генерацијама.
- **Азија** – Непоштовање између родитеља и деце, ране засноване на касти, верске издаје.
- **Европа** – Генерацијско ћутање због злостављања, горчина због развода или неверства.
- **Латинска Америка** – Ране од корумпираних институција, одбацивања од стране породице, духовне манипулације.
- **Северна Америка** – Повреда цркве, расна траума, одсутни очеви,

неправда на радном месту.

Горчина не виче увек. Понекад шапуће: „Никада нећу заборавити шта су урадили."

Али Бог каже: *Пустите то — не зато што они то заслужују, већ зато што **ви** то заслужујете.*

Права прича — Жена која није хтела да опрости

Марија из Бразила је имала 45 година када је први пут дошла по ослобођење. Сваке ноћи је сањала да је даве. Имала је чир, висок крвни притисак и депресију. Током сеансе, откривено је да је гајила мржњу према свом оцу који ју је злостављао као дете — а касније је напустио породицу.

Постала је хришћанка, али му никада није опростила.

Док је плакала и пуштала га пред Богом, тело јој се грчило — нешто се сломило. Те ноћи је први пут после 20 година мирно спавала. Два месеца касније, њено здравље је почело драстично да се побољшава. Сада дели своју причу као исцелитељски тренер за жене.

Акциони план — Чупање горког корена

1. **Наведи шта** – Запиши имена оних који су те повредили – чак и тебе самог или Бога (ако си тајно био љут на Њега).
2. **Ослободите се** – Изговорите наглас: „Бирам да опростим [име] за [конкретну увреду]. Ослобађам их и себе."
3. **Спалите га** – Ако је безбедно, спалите или искидајте папир као пророчански чин ослобођења.
4. **Молите се** за благослове оних који су вам учинили неправду — чак и ако вам се емоције опиру. Ово је духовна борба.

Алати за Свето писмо

- *Матеј 18:21–35* – Прича о немилосрдном слуги
- *Јеврејима 12:15* – Горко корење оскврњује многе
- *Марко 11:25* – Опрости, да твоје молитве не буду спречене
- *Римљанима 12:19–21* – Освету препустите Богу

ГРУПНА ПРИЈАВА И СЛУЖБА

- Замолите сваку особу (приватно или писмено) да наведе некога коме тешко опрашта.
- Поделите се у молитвене тимове како бисте прошли кроз процес опроштаја користећи молитву испод.
- Водите пророчку „церемонију спаљивања" где се писани прекршаји уништавају и замењују изјавама о исцељењу.

Алати Министарства:

- Картице за изјаву о опроштају
- Лагана инструментална музика или урођено богослужење
- Уље радости (за помазање након отпуста)

Кључни увид

Неопроштај је капија коју непријатељ искоришћава. Опроштај је мач који пресеца уже ропства.

Дневник рефлексије

- Коме данас треба да опростим?
- Да ли сам себи опростио /ла — или се кажњавам због прошлих грешака?
- Да ли верујем да Бог може да обнови оно што сам изгубио издајом или увредом?

Молитва за ослобођење

Господе Исусе, долазим пред Тебе са својим болом, бесом и сећањима. Данас бирам — вером — да опростим свима који су ме повредили, злостављали, издали или одбацили. Пуштам их. Ослобађам их од осуде и ослобађам себе од горчине. Молим Те да исцелиш сваку рану и испуниш ме Својим миром. У Исусово име. Амин.

ДАН 19: ИСЦЕЉЕЊЕ ОД СРАМА И ОСУДЕ

„Срам каже: 'Ја сам лош.' Осуда каже: 'Никада нећу бити слободан.' Али Исус каже: 'Ти си мој, и ја сам те створио новим.'"

„Они који Њега гледају блистају; њихова лица никада нису покривена стидом."
— *Псалам 34:5*

Срам није само осећај - то је стратегија непријатеља. То је плашт којим се обавијају они који су пали, пропали или били повређени. Он каже: „Не можеш се приближити Богу. Превише си прљав. Превише оштећен. Превише крив."

Али осуда је **лаж** — јер у Христу **нема осуде** (Римљанима 8:1).

Многи људи који траже избављење остају заглављени јер верују да нису **достојни слободе** . Носе кривицу као значку и понављају своје најгоре грешке као покварену плочу.

Исус није платио само за твоје грехе — платио је за твоју срамоту.

Глобална лица срама

- **Африка** – Културни табуи око силовања, неплодности, бездетности или неуспеха у браку.
- **Азија** – Срамота заснована на нечасти због породичних очекивања или верског пребега.
- **Латинска Америка** – Кривица због абортуса, окултног учешћа или породичне срамоте.
- **Европа** – Скривена срамота због тајних грехова, злостављања или проблема са менталним здрављем.
- **Северна Америка** – Срамота због зависности, развода,

порнографије или конфузије идентитета.

Срам буја у тишини — али умире у светлости Божје љубави.

Истинита прича — Ново име после абортуса

Јасмин из САД је имала три абортуса пре него што је дошла Христу. Иако је била спасена, није могла себи да опрости. Сваки Дан мајки се осећао као проклетство. Када су људи причали о деци или родитељству, осећала се невидљивом — и још горе, недостојном.

Током једног женског реколлектива, чула је поруку о Исаији 61 — „уместо срамоте, двоструки део". Плакала је. Те ноћи је написала писма својој нерођеној деци, поново се покајала пред Господом и добила визију Исуса како јој даје нова имена: „Љубљена", „Мајка", „Обновљена".

Она сада служи женама које су имале побачај и помаже им да поврате свој идентитет у Христу.

Акциони план — Изађи из сенке

1. **Наведите срамоту** – Запишите шта сте крили или због чега сте се осећали кривим.
2. **Признајте лаж** – Запишите оптужбе у које сте веровали (нпр. „Прљав сам", „Дисквалификован сам").
3. **Замени са Истином** – Изговарај наглас Божју Реч над собом (видети стихове из Светог писма испод).
4. **Пророчка акција** – Напишите реч „СРАМОТА" на парчету папира, затим га поцепајте или спалите. Изјавите: *„Више нисам везан овим!"*

Алати за Свето писмо

- *Римљанима 8:1–2* – Нема осуде у Христу
- *Исаија 61:7* – Двоструки део за срамоту
- *Псалам 34:5* – Сјај у Његовом присуству
- *Јеврејима 4:16* – Смео приступ Божјем престолу
- *Софонија 3:19–20* – Бог уклања срамоту међу народима

Групна пријава и служба

- Позовите учеснике да напишу анонимне изјаве срама (нпр. „Имала сам абортус", „Била сам злостављана", „Починила сам превару") и ставите их у запечаћену кутију.
- Прочитајте наглас Исаију 61, а затим се помолите за размену - тугу за радост, пепео за лепоту, срамоту за част.
- Свирајте музику за богослужење која наглашава идентитет у Христу.
- Изговарајте пророчке речи над појединцима који су спремни да отпусте.

Алати Министарства:

- Картице за идентификацију
- Уље за помазање
- Плејлиста за богослужење са песмама као што су „You Say" (Lauren Daigle), „No Longer Slaves" или „Who You Say I Am"

Кључни увид

Срам је лопов. Краде ти глас, твоју радост и твој ауторитет. Исус није само опростио твоје грехе — Он је лишио стид његове моћи.

Дневник рефлексије

- Које је најраније сећање на срам којег се сећам?
- У коју лаж сам веровао о себи?
- Да ли сам спреман да видим себе онако како ме Бог види — чистим, блиставим и изабраним?

Молитва за исцељење

Господе Исусе, доносим Ти своју срамоту, свој скривени бол и сваки глас осуде. Кајем се што сам се сложио са лажима непријатеља о томе ко сам. Бирам да верујем у оно што кажеш - да ми је опроштено, да сам вољен и да сам обновљен. Примам Твоју хаљину праведности и корачам у слободу. Излазим из срамоте и улазим у Твоју славу. У Исусово име, амин.

ДАН 20: КУЋНО ВРАЋЕЊЕ — КАДА ТАМА ЖИВИ ПОД ИСТИМ КРОВОМ

„**Н**ису сви непријатељи напољу. Неки носе позната лица."
„Непријатељи човеку биће његови укућани."
— Матеј 10:36

Неке од најжешћих духовних битака не воде се у шумама или светилиштима — већ у спаваћим собама, кухињама и породичним олтарима.

Домаће врачање односи се на демонске операције које потичу из саме породице - родитеља, супружника, браће и сестара, кућног особља или ширих рођака - кроз завист, окултну праксу, олтаре предака или директну духовну манипулацију.

Ослобођење постаје сложено када су у питању људи **које волимо или са којима живимо.**

Глобални примери кућног врачања

- **Африка** – Љубоморна маћеха шаље клетве кроз храну; брат/сестра призива духове против успешнијег брата.
- **Индија и Непал** – Мајке посвећују децу божанствима по рођењу; кућни олтари се користе за контролу судбина.
- **Латинска Америка** – Брухерија или Сантерија коју су рођаци тајно практиковали како би манипулисали супружницима или децом.
- **Европа** – Скривено слободно зидарство или окултне заклетве у породичним линијама; психичке или спиритуалистичке традиције које се преносе с колена на колено.
- **Северна Америка** – Викански или њу ејџ родитељи „благосиљају" своју децу кристалима, енергетским чишћењем или

таротом.

Ове моћи се могу скривати иза породичне наклоности, али њихов циљ је контрола, стагнација, болест и духовно ропство.

Истинита прича — Мој отац, пророк села

Жена из Западне Африке одрасла је у дому где је њен отац био веома поштовани сеоски пророк. За спољашње посматраче, он је био духовни водич. Иза затворених врата, закопавао је амајлије у комплексу и приносио жртве у име породица које су тражиле наклоност или освету.

Чудни обрасци су се појавили у њеном животу: понављајуће ноћне море, неуспеле везе и необјашњиве болести. Када је предала свој живот Христу, њен отац се окренуо против ње, изјављујући да никада неће успети без његове помоћи. Њен живот се годинама вртио у спиралу.

Након месеци поноћних молитава и поста, Свети Дух јој је навео да се одрекне сваке везе душе са окултним плаштом свог оца. Закопала је свете списе у своје зидове, спаљивала старе жетоне и свакодневно помазивала свој праг. Полако су почели продори: њено здравље се вратило, снови су јој се разјаснили и коначно се удала. Сада помаже другим женама које се суочавају са кућним олтарима.

Акциони план — Суочавање са познатим духом

1. **Разумевати без срамоте** – Моли Бога да открије скривене моћи без мржње.
2. **Прекините душевне споразуме** – Одреците се сваке духовне везе склопљене кроз ритуале, олтаре или изговорене заклетве.
3. **Духовно одвојени** – Чак и ако живите у истој кући, можете се **духовно одвојити** молитвом.
4. **Осветите свој простор** – Помажите сваку собу, предмет и праг уљем и Светим писмом.

Алати за Свето писмо

- *Михеј 7:5–7* – Не уздај се у ближњег
- *Псалам 27:10* – „Ако ме отац мој и мајка моја напусте..."
- *Лука 14:26* – Волети Христа више него породицу

- *2. Краљевима 11:1–3* – Скривено избављење од убилачке краљице мајке
- *Исаија 54:17* – Ниједно оружје направљено неће успети

Групна пријава

- Поделите искуства где је противљење долазило из породице.
- Молите се за мудрост, смелост и љубав упркос отпору домаћинства.
- Водите молитву одрицања од сваке везе душе или изговорене клетве коју су изрекли рођаци.

Алати Министарства:

- Уље за помазање
- Изјаве о опроштају
- Молитве за ослобађање од завета
- Покривање молитве за Псалам 91

Кључни увид

Крвна лоза може бити благослов или бојно поље. Позвани сте да је искупите, а не да будете под њеном влашћу.

Дневник рефлексије

- Да ли сам икада имао духовни отпор од некога блиског?
- Да ли постоји неко коме треба да опростим — чак и ако се још увек бави врачањем?
- Да ли сам спреман/на да будем одвојен/а, чак и ако то кошта везе?

Молитва за раздвајање и заштиту

Оче, признајем да највеће противљење може доћи од оних који су ми најближи. Опраштам сваком члану домаћинства који свесно или несвесно ради против моје судбине. Прекидам сваку везу душе, клетву и завет склопљен кроз моју породичну лозу који није у складу са Твојим Краљевством.

Крвљу Исусовом, освећујем свој дом и изјављујем: што се мене тиче и мог дома, служићемо Господу. Амин.

ДАН 21: ЈЕЗАВЕЉИН ДУХ — ЗАВЕЂЕЊЕ, КОНТРОЛА И РЕЛИГИОЗНА МАНИПУЛАЦИЈА

„Али имам ово против тебе: трпиш жену Језавељу, која себе назива пророчицом. Својим учењем заводи..." — Откривење 2:20

„Њен крај ће доћи изненада, без лека." — Пословице 6:15

Неки духови вичу споља.

Језавеља шапуће изнутра.

Она не само да искушава — она **узурпира, манипулише и квари**, остављајући разорене службе, угушене бракове и заведене нације побуном.

Шта је Језавељини дух?

Језавељини дух:

- Имитира пророчанство да би завело
- Користи шарм и заводљивост да би контролисао
- Мрзи истински ауторитет и уђуткује пророке
- Маскира понос иза лажне понизности
- Често се везује за руководство или оне који су му блиски

Овај дух може деловати кроз **мушкарце или жене** и напредује тамо где неконтролисана моћ, амбиција или одбацивање остају неизлечени.

Глобалне манифестације

- **Африка** — Лажне пророчице које манипулишу олтарима и захтевају лојалност са страхом.
- **Азија** — Религиозни мистици мешају заводљивост са визијама како би доминирали духовним круговима.
- **Европа** — Култови древних богиња оживљени су у праксама

Новог доба под именом оснаживања.
- **Латинска Америка** – свештенице сантерије контролишу породице кроз „духовне савете".
- **Северна Америка** – Инфлуенсери на друштвеним мрежама промовишу „божанску женственост" док исмевају библијску покорност, ауторитет или чистоту.

Права прича: *Језавеља која је седела на жртвенику*

У једној карипској земљи, црква која је горела за Бога почела је да се гаси — полако, суптилно. Заступничка група која се некада састајала на поноћним молитвама почела је да се осипа. Омладински рад је запалио у скандал. Бракови у цркви су почели да пропадају, а некада ватрени пастор постао је неодлучан и духовно уморан.

У средишту свега била је жена — **сестра Р.** Лепа, харизматична и великодушна, многи су је дивили. Увек је имала „реч од Господа" и сан о судбини свих осталих. Давала је великодушно за црквене пројекте и заслужила место близу пастора.

Иза кулиса, она је суптилно **клеветала друге жене**, завела млађег пастора и сејала семе раздора. Позиционирала се као духовни ауторитет док је тихо поткопавала стварно вођство.

Једне ноћи, тинејџерка у цркви је сањала живописан сан — видела је змију како се увија испод проповедаонице, шапућући у микрофон. Ужаснута, поделила је сан са мајком која га је донела свештенику.

Руководство је одлучило да започне **тродневни пост** како би потражило Божје вођство. Трећег дана, током молитве, сестра Р је почела да се бурно манифестује. Шиштала је, вриштала и оптуживала друге за врачање. Уследило је снажно ослобођење, и она је признала: била је иницирана у духовни ред у касним тинејџерским годинама, са задатком да **се инфилтрира у цркве како би им „украла ватру"**.

Већ је била у **пет цркава** пре ове. Њено оружје није било гласно - то је било **ласкање, заводљивост, емоционална контрола** и пророчка манипулација.

Данас је та црква обновила свој олтар. Проповедаоница је поново освећена. А та млада тинејџерка? Она је сада ватрена евангелисткиња која води женски молитвени покрет.

Акциони план — Како се суочити са Језавељом

1. **Покајте се** за сваки начин на који сте сарађивали са манипулацијом, сексуалном контролом или духовним поносом.
2. **Препознајте** Језавељине особине - ласкање, побуну, заводљивост, лажно пророчанство.
3. **Прекините везе душе** и несвете савезе у молитви — посебно са сваким ко вас одвлачи од Божјег гласа.
4. **Прогласите свој ауторитет** у Христу. Језавеља се плаши оних који знају ко су.

Арсенал Светог писма:

- 1. Краљевима 18–21 – Језавеља против Илије
- Откривење 2:18–29 – Христово упозорење Тијатири
- Пословице 6:16–19 – Шта Бог мрзи
- Галаћанима 5:19–21 – Дела тела

Групна пријава

- Дискутујте: Да ли сте икада били сведок духовне манипулације? Како се она прикривала?
- Као група, прогласите политику „без толеранције" за Језавељу — у цркви, дому или руководству.
- Ако је потребно, измолите **молитву за ослобођење** или постите да бисте прекинули њен утицај.
- Поново посветите сваку службу или олтар који је био угрожен.

Алати за служење:
Користите уље за помазање. Створите простор за исповест и опроштај. Певајте песме богослужења које објављују **Господство Исусово**.
Кључни увид

Језавеља напредује тамо где **је расуђивање ниско**, а **толеранција висока**. Њена владавина се завршава када се пробуди духовни ауторитет.

Дневник рефлексије

- Да ли сам дозволио/допустила да ме манипулација води?
- Да ли постоје људи или утицаји које сам уздигао изнад Божјег гласа?
- Да ли сам утишао свој пророчки глас из страха или контроле?

Молитва за ослобођење

Господе Исусе, одричем се сваког савеза са Језаваљиним духом. Одбацујем заводљивост, контролу, лажна пророчанства и манипулацију. Очисти моје срце од поноса, страха и компромиса. Узимам назад свој ауторитет. Нека се сруши сваки олтар који је Језаваља подигла у мом животу. Устоличим Те, Исусе, као Господа над мојим односима, позивом и службом. Испуни ме разборитошћу и смелошћу. У Твоје име, амин.

ДАН 22: ПИТОНИ И МОЛИТВЕ — СЛОМИТИ ДУХ ОГРАНИЧЕЊА

„*Једном када смо ишли на место молитве, срете нас робиња која је имала духа Питона...*" — Дела апостолска 16:16

„*Газићеш на лава и змију...*" — Псалам 91:13

Постоји дух који не гризе — он **стеже**.

Гуши твоју ватру. Обавија се око твог молитвеног живота, твог даха, твог обожавања, твоје дисциплине — све док не почнеш да одустајеш од онога што ти је некада давало снагу.

То је дух **Пајтона** — демонска сила која **ограничава духовни раст, одлаже судбину, гуши молитву и фалсификује пророчанства**.

Глобалне манифестације

- **Африка** — Дух питона појављује се као лажна пророчка сила, делујући у морским и шумским светиштима.
- **Азија** - Змијски духови обожавани су као божанства која морају бити нахрањена или умилостивљена.
- **Латинска Америка** — Сантерија серпентински олтари коришћени за богатство, похоту и моћ.
- **Европа** — Симболи змија у врачању, прорицању судбине и видовњачким круговима.
- **Северна Америка** — Лажни „пророчки" гласови укорењени у побуни и духовној конфузији.

Сведочење: *Девојка која није могла да дише*

Марисол из Колумбије је почела да осећа отежано дисање сваки пут када би клекнула да се помоли. Груди би је стезале. Њени снови су били испуњени сликама змија које су се увијале око њеног врата или су се одмарале испод њеног кревета. Лекари нису пронашли ништа медицински проблем.

Једног дана, њена бака је признала да је Марисол као дете била „посвећена" планинском духу познатом по томе што се појављује као змија. Био је то **„дух заштитник"**, али је имао своју цену.

Током састанка за ослобођење, Марисол је почела жестоко да вришти када су на њу положене руке. Осетила је како јој се нешто помера у стомаку, затим у грудима, а затим излази из уста, попут избацивања ваздуха.

После тог сусрета, недостатак даха је престао. Њени снови су се променили. Почела је да води молитвене састанке — управо оно што је непријатељ некада покушавао да јој истера из уста.

Знаци да сте можда под утицајем духа Пајтона

- Умор и тежина кад год покушате да се молите или да се клањате
- Пророчка конфузија или обмањујући снови
- Стални осећај гушења, блокирања или везивања
- Депресија или очај без јасног разлога
- Губитак духовне жеље или мотивације

Акциони план – Прекидање стезања

1. **Покајте се** за било какву окултну, психичку или умешаност предака.
2. **Прогласите своје тело и дух само Божјим.**
3. **Постите и ратујте** користећи Исаију 27:1 и Псалам 91:13.
4. **Помажите своје грло, груди и стопала** — захтевајући слободу да говорите, дишете и ходате у истини.

Свето писмо о ослобођењу:

- Дела апостолска 16:16–18 – Павле истерује духа питона
- Исаија 27:1 – Бог кажњава Левијатана, змију која бежи
- Псалам 91 – Заштита и ауторитет
- Лука 10:19 – Моћ да се газе змије и шкорпије

ГРУПНА ПРИЈАВА

- Питајте: Шта гуши наш молитвени живот — лични и заједнички?
- Водите групну молитву дисања — проглашавајући **дах Божји** (Руах) над сваким чланом.
- Сломите сваки лажни пророчки утицај или змијски притисак у богослужењу и заступништву.

Алати за министарство: Обожавање уз флауте или инструменте за дисање, симболично сечење конопаца, молитвене мараме за слободу дисања.

Кључни увид

Дух Питона гуши оно што Бог жели да роди. Морате му се суочити да бисте повратили дах и смелост.

Дневник рефлексије

- Када сам се последњи пут осећао потпуно слободним у молитви?
- Да ли постоје знаци духовног умора које сам игнорисао/ла?
- Да ли сам несвесно прихватио „духовни савет" који је донео још више забуне?

Молитва за ослобођење

Оче, у име Исусово, ломим сваки стежујћи дух који је задужен да угуши моју сврху. Одричем се духа питона и свих лажних пророчких гласова. Примам дах Твога Духа и изјављујем: Слободно ћу дисати, смело се молити и усправно ходати. Свака змија која се обмотала око мог живота је одсечена и избачена. Сада примам избављење. Амин.

ДАН 23: ПРЕСТОЛОВИ БЕЗАКОЊА — РУШЕЊЕ ТЕРИТОРИЈАЛНИХ УТВРЂЕЊА

„Хоће ли престо безакоња, који смишља зло кроз закон, имати заједницу с тобом?" — Псалам 94:20

„Не ратујемо против крви и тела, него против... владара таме..." — Ефесцима 6:12

Постоје невидљиви **престоли** — успостављени у градовима, народима, породицама и системима — где демонске силе **владају легално** кроз завете, законодавство, идолопоклонство и дуготрајну побуну.

Ово нису случајни напади. Ово су **устоличени ауторитети**, дубоко укорењени у структурама које овековечују зло кроз генерације.

Док се ови престоли **духовно не демонтирају**, циклуси таме ће се наставити - без обзира на то колико се молитви нуди на површинском нивоу.

Глобална упоришта и престоли

- **Африка** – Престоли врачања у краљевским лозама и традиционалним саветима.
- **Европа** – Престоли секуларизма, слободног зидарства и легализоване побуне.
- **Азија** – Престоли идолопоклонства у храмовима предака и политичким династијама.
- **Латинска Америка** – Тронови наркотерора, култова смрти и корупције.
- **Северна Америка** – Престоли перверзије, абортуса и расног угњетавања.

Ови престоли утичу на одлуке, потискују истину и **прождиру судбине**.

Сведочење: *Ослобођење градског одборника*

У једном граду у јужној Африци, новоизабрани хришћански одборник открио је да су сви функционери пре њега или полудели, развели се или изненада умрли.

После вишедневних молитви, Господ је открио **престо крваве жртве** закопан испод општинске зграде. Локални видовњак је давно поставио амајлије као део територијалног захтева.

Одборник је окупљао молитвенике, постио и одржао богослужење у поноћ унутар сала већа. Током три ноћи, чланови особља су пријављивали чудне крике у зидовима, а струја је треперила.

У року од недељу дана, почела су признања. Коруптивни уговори су разоткривени, а у року од неколико месеци, јавне службе су се побољшале. Престо је пао.

Акциони план – Свргавање таме са трона

1. **Идентификујте престо** — замолите Господа да вам покаже територијална упоришта у вашем граду, канцеларији, крвној лози или региону.
2. **Покајте се за земљу** (заступништво у стилу Данила 9).
3. **Обожавајте стратешки** — престоли се руше када Божја слава преузме примат (видети 2. Днев. 20).
4. **Прогласите име Исуса** јединим правим Краљем над том облашћу.

Сидрени стихови:

- Псалам 94:20 – Престоли безакоња
- Ефесцима 6:12 – Владари и власти
- Исаија 28:6 – Дух правде за оне који се боре
- 2. Краљевима 23 – Јосија уништава идолопоклоничке олтаре и престоле

ГРУПНО АНГАЖОВАЊЕ

- Спроведите сесију „духовне мапе" вашег комшилука или града.
- Питајте: Који су овде циклуси греха, бола или угњетавања?
- Поставите „стражаре" да се недељно моле на кључним локацијама капија: школама, судовима, пијацама.
- Водите групне декрете против духовних владара користећи Псалам 149:5–9.

Алати за министарство: Шофари, градске мапе, маслиново уље за освећење земље, водичи за молитвене шетње.

Кључни увид

Ако желите да видите трансформацију у свом граду, **морате да оспорите престо иза система** - не само лице испред њега.

Дневник рефлексије

- Да ли се у мом граду или породици стално понављају битке које се чине већим од мене?
- Да ли сам наследио битку против престола који нисам устоличио?
- Који „владари" треба да буду смењени у молитви?

Молитва рата

Господе, разоткриј сваки престо безакоња који влада мојом територијом. Проглашавам име Исусово за јединог Краља! Нека сваки скривени жртвеник, закон, пакт или моћ која спроводи таму буде распршен ватром. Заузимам своје место као заступник. Крвљу Јагњета и речју свог сведочанства, рушим престоле и постављам Христа над својим домом, градом и народом. У Исусово име. Амин.

ДАН 24: ФРАГМЕНТИ ДУШЕ — КАДА ДЕЛОВИ ТЕБЕ НЕДОСТАЈУ

„*Он обнавља душу моју...*" — Псалам 23:3
„*Исцелићу ране твоје, говори Господ, јер си назван одбаченим...*"
— Јеремија 30:17

Траума има начин да разбије душу. Злостављање. Одбацивање. Издаја. Изненадни страх. Продужена туга. Ова искуства не остављају само сећања - она **ломе вашег унутрашњег човека**.

Многи људи ходају около изгледајући целовито, али живе са **деловима себе који им недостају**. Њихова радост је расцепљена. Њихов идентитет је расут. Заробљени су у емоционалним временским зонама - део њих је заглављен у болној прошлости, док тело наставља да стари.

То су **фрагменти душе** - делови вашег емоционалног, психолошког и духовног ја који су откинути због трауме, демонског утицаја или манипулације врачањем.

Док се ти делови не сакупе, исцеле и поново не интегришу кроз Исуса, **истинска слобода остаје недостижна**.

Глобалне праксе крађе душа

- **Африка** – врачари хватају људску „суштину" у теглама или огледалима.
- **Азија** – Ритуали заробљавања душе од стране гуруа или тантричких практичара.
- **Латинска Америка** – Шаманско цепање душа ради контроле или клетви.
- **Европа** – Окултна магија огледала која се користи за разбијање идентитета или крађу наклоности.
- **Северна Америка** – Траума од злостављања, абортуса или

конфузије идентитета често ствара дубоке душевне ране и фрагментацију.

Прича: *Девојка која није могла да осећа*

Андреа, двадесетпетогодишњакиња из Шпаније, годинама је трпела злостављање од стране члана породице. Иако је прихватила Исуса, остала је емоционално отупела. Није могла да плаче, воли или осећа емпатију.

Један свештеник у посети јој је поставио чудно питање: „Где си оставила своју радост?" Док је Андреа затварала очи, сетила се како је имала 9 година, склупчана у ормару, говорећи себи: „Никада више нећу осећати."

Молили су се заједно. Андреа је опростила, одрекла се унутрашњих завета и позвала Исуса у то специфично сећање. Први пут после много година је неукротиво плакала. Тог дана, **њена душа је била обновљена**.

Акциони план – Повратак и исцељење душе

1. Питајте Светог Духа: *Где сам изгубио део себе?*
2. Опростите свима који су били укључени у тај тренутак и **одустаните од унутрашњих завета** попут „Никада више нећу веровати".
3. Позовите Исуса у сећање и говорите исцељујуће речи у том тренутку.
4. Молите се: *„Господе, обнови моју душу. Позивам сваки део себе да се врати и буде исцељен."*

Кључни стихови из Светог писма:

- Псалам 23:3 – Он обнавља душу
- Лука 4:18 – Исцељење скрушених срца
- 1. Солуњанима 5:23 – Дух, душа и тело сачувани
- Јеремија 30:17 – Исцељење одбачених и рана

Групна пријава

- Водите чланове кроз вођену **сеансу молитве за унутрашње**

исцељење.
- Питајте: *Да ли је било тренутака у вашем животу када сте престали да верујете, осећате или сањате?*
- Одиграјте улоге „повратка у ту собу" са Исусом и посматрајте како Он лечи рану.
- Нека су верни вође нежно положили руке на главе и објавили обнављање душе.

Алати за министарство: Музика за богослужење, пригушено осветљење, марамице, подстицаји за вођење дневника.

Кључни увид
Ослобођење није само истеривање демона. То је **сакупљање разбијених делова и враћање идентитета**.

Дневник рефлексије

- Који трауматични догађаји и даље контролишу како данас мислим или се осећам?
- Јесам ли икада рекао/рекла: „Никада више нећу волети" или „Више никоме не могу веровати"?
- Како за мене изгледа „целовитост" — и да ли сам спреман за њу?

МОЛИТВА ЗА ОБНАВЉАЊЕ

Исусе, Ти си Пастир моје душе. Доводим Те на свако место где сам био сломљен — страхом, стидом, болом или издајом. Кршим сваки унутрашњи завет и клетву изговорену у трауми. Опраштам онима који су ме ранили. Сада позивам сваки део моје душе да се врати. Обнови ме потпуно — дух, душу и тело. Нисам заувек сломљен. Цео сам у Теби. У Исусово име. Амин.

ДАН 25: ПРОКЛЕТСТВО ЧУДНЕ ДЕЦЕ — КАДА СЕ СУДБИНЕ ЗАМЕНЕ НА РОЂЕЊУ

„**Њ**ихова деца су туђа деца; сада ће их месец дана прождријети са њиховим деловима.“ — Осија 5:7

„Пре него што те обликовах у утроби, познадох те...“ — Јеремија 1:5

Није свако дете рођено у једном дому предодређено за тај дом.

Није свако дете које носи ваш ДНК носи ваше наслеђе.

Непријатељ је дуго користио **рођење као бојно поље** — размењујући судбине, подмећући лажно потомство, уводећи бебе у мрачне завете и манипулишући материцама чак и пре него што зачеће почне.

Ово није само физичко питање. То је **духовна трансакција** — која укључује олтаре, жртве и демонске законитости.

Шта су чудна деца?

„Чудна деца“ су:

- Деца рођена кроз окултну посвећеност, ритуале или сексуалне завете.
- Потомство се мењало при рођењу (било духовно или физички).
- Деца која носе мрачне задатке у породицу или лозу.
- Душе заробљене у материци путем врачања, некромантије или генерацијских олтара.

Многа деца одрастају у побуни, зависности, мржњи према родитељима или себи — не само због лошег родитељства већ и због тога **ко их је духовно прихватио при рођењу**.

ГЛОБАЛНИ ИЗРАЗИ

- **Африка** – Духовне размене у болницама, загађење материце морским духовима или ритуални секс.
- **Индија** – Деца се иницирају у храмове или у судбине засноване на карми пре рођења.
- **Хаити и Латинска Америка** – посвете у сантерији, деца зачета на олтарима или након чини.
- **Западне нације** – праксе вантелесне оплодње и сурогатног мајчинства понекад повезане са окултним уговорима или донорским лозама; абортуси који остављају духовна врата отворена.
- **Аутохтоне културе широм света** – церемоније именовања духова или тотемски преноси идентитета.

Прича: *Беба са погрешним духом*

Клара, медицинска сестра из Уганде, поделила је како је једна жена довела своје новорођенче на молитвени састанак. Дете је стално вриштало, одбијало млеко и бурно реаговало на молитву.

Пророчка реч је открила да је беба била „замењена" у духу при рођењу. Мајка је признала да се врач молио над њеним стомаком док је очајнички желела дете.

Кроз покајање и интензивне молитве за ослобођење, беба је почела да омекшава, а затим да се смирује. Дете је касније напредовало — показујући знаке обновљеног мира и развоја.

Нису све болести код деце природне. Неке су **урођене од зачећа**.

Акциони план – Повратак судбине материце

1. Ако сте родитељ, **поново посветите своје дете Исусу Христу**.
2. Одреците се свих пренаталних проклетстава, посвећености или завета - чак и оних које су несвесно склопили преци.
3. У молитви се директно обратите духу свог детета: „*Ти припадаш Богу. Твоја судбина је обновљена.*"
4. Ако немате деце, молите се над својом утробом, одбацујући све облике духовне манипулације или манипулације.

Кључни стихови из Светог писма:

- Осија 9:11–16 – Суд над туђим семеном
- Исаија 49:25 – Борите се за своју децу
- Лука 1:41 – Деца испуњена Духом из утробе
- Псалам 139:13–16 – Божји намерни план у утроби

Групно ангажовање

- Нека родитељи донесу имена или фотографије своје деце.
- Изјавите над сваким именом: „Идентитет вашег детета је враћен. Свака туђа рука је одсечена."
- Молите се за духовно чишћење материце за све жене (и мушкарце као духовне носиоце семена).
- Користите причест да симболизујете враћање судбине крвне лозе.

Прибор за служење: Причест, уље за помазање, штампана имена или ствари за бебе (опционо).

Кључни увид

Сатана циља материцу јер **се тамо обликују пророци, ратници и судбине**. Али свако дете може бити враћено кроз Христа.

Дневник рефлексије

- Да ли сам икада имала чудне снове током трудноће или након порођаја?
- Да ли се моја деца боре на начине који делују неприродно?
- Да ли сам спреман да се суочим са духовним пореклом генерацијске побуне или одлагања?

Молитва за ослобађање

Оче, доносим своју утробу, своје семе и своју децу Твојем олтару. Кајем се за сва врата — позната или непозната — која су непријатељу омогућила приступ. Прекидам свако проклетство, посвећеност и демонски задатак везан за моју децу. Говорим над њима: Ви сте свети, изабрани и запечаћени за Божју славу. Ваша судбина је искупљена. У Исусово име. Амин.

ДАН 26: СКРИВЕНИ ОЛТАР МОЋИ — ОСЛОБАЂАЊЕ ОД ЕЛИТНИХ ОКУЛТИЧКИХ ЗАВЕТА

„Ђаво га опет одведе на веома високу гору и показа му сва царства света и њихову славу, говорећи му: 'Све ћу ти ово дати', рече, 'ако ми се поклониш ничице'." — Матеј 4:8–9

Многи мисле да се сатанска моћ налази само у закулисним ритуалима или мрачним селима. Али неки од најопаснијих завета крију се иза углачаних одела, слитних клубова и вишегенерацијског утицаја.

То су **олтари моћи** — формирани крвним заклетвама, иницијацијама, тајним симболима и усменим заветима који везују појединце, породице, па чак и целе нације за Луциферову власт. Од слободног зидарства до кабалистичких обреда, од источних звезданих иницијација до древних египатских и вавилонских школа мистерија — они обећавају просветљење, али доносе ропство.

Глобалне везе

- **Европа и Северна Америка** – Слободно зидарство, Розенкројцерство, Ред Златне зоре, Лобања и кости, Боемски гај, иницијације у Кабалу.
- **Африка** – Политички крвни пактови, преговарања предака о владавини, савези врачања на високом нивоу.
- **Азија** – Илуминирана друштва, пактови змајевих духова, династије крвних лоза повезане са древним врачањем.
- **Латинска Америка** – политичка сантерија, ритуална заштита повезана са картелима, пактови склопљени за успех и имунитет.
- **Блиски исток** – Древни вавилонски, асирски обреди преношени под верским или краљевским маскама.

Сведочанство – Унук једног масона проналази слободу

Карлос, одрастао у утицајној породици у Аргентини, никада није знао да је његов деда достигао 33. степен слободног зидарства. Чудне манифестације су мучиле живот - парализа сна, саботажа односа и стална немогућност напретка, колико год се трудио.

Након што је похађао учење о ослобођењу које је разоткрило везе елите са окултним светом, суочио се са породичном историјом и пронашао масонске регалије и скривене дневнике. Током поноћног поста, одрекао се сваког крвног завета и прогласио слободу у Христу. Те исте недеље, добио је пробој у послу на који је чекао годинама.

Високи олтари стварају опозицију на високом нивоу — али **Исусова крв** говори гласније од било које заклетве или ритуала.

Акциони план – Разоткривање Скривене ложе

1. **Истражите** : Да ли постоје масонске, езотеријске или тајне везе у вашој крвној лози?
2. **Одрeците се** сваког познатог и непознатог завета користећи изјаве засноване на Матеју 10:26–28.
3. **Спалите или уклоните** све окултне симболе: пирамиде, свевидеће очи, компасе, обелиске, прстење или огртаче.
4. **Молите се наглас** :

„Кршим сваки скривени споразум са тајним друштвима, култовима светлости и лажним братствима. Служим само Господу Исусу Христу."

Групна пријава

- Нека чланови запишу све познате или сумњиве везе са елитом и окултним ликовима.
- Предводите **симболичан чин прекидања веза** - цепајте папире, спаљујте слике или помазујте њихова чела као печат раздвајања.
- Користите **Псалам 2** да објавите разбијање националних и породичних завера против Господњег помазаника.

Кључни увид

Сатанин највећи стисак је често обучен у тајност и престиж. Права слобода почиње када разоткријете, одрекнете се и замените те олтаре обожавањем и истином.

Дневник рефлексије

- Да ли сам наследио богатство, моћ или прилике које делују духовно „чудно"?
- Да ли постоје тајне везе у мом пореклу које сам игнорисао/ла?
- Колико ће ме коштати да прекинем безбожницима приступ моћи — и да ли сам спреман?

Молитва за ослобођење

Оче, излазим из сваке скривене ложе, олтара и споразума — у своје име или у име своје крвне линије. Прекидам сваку везу душе, сваку крвну везу и сваку заклетву дату свесно или несвесно. Исусе, Ти си моја једина Светлост, моја једина Истина и мој једини покривач. Нека Твоја ватра прогута сваку безбожну везу са моћи, утицајем или обманом. Добијам потпуну слободу, у Исусово име. Амин.

ДАН 27: НЕЧУДНИ САВЕЗИ — СЛОБОДНО ЗИДАРСТВО, ИЛУМИНАТИ И ДУХОВНА ИНФИЛТРАЦИЈА

„Не учествујте у бесплодним делима таме, него их разоткривајте." — Ефесцима 5:11

„Не можете пити чашу Господњу и чашу демона." — 1. Коринћанима 10:21

Постоје тајна друштва и глобалне мреже које се представљају као безопасне братске организације — нудећи милосрђе, повезаност или просветљење. Али иза завесе крију се дубље заклетве, крвни ритуали, везе душа и слојеви луциферијанске доктрине обавијени „светлошћу".

Слободно зидарство, Илуминати, Источна звезда, Лобања и кости и њихове сестринске мреже нису само друштвени клубови. Они су олтари оданости – неки датирају вековима уназад – осмишљени да духовно инфилтрирају породице, владе, па чак и цркве.

Глобални отисак

- **Северна Америка и Европа** – храмови слободних зидара, ложе шкотског обреда, Јејлов музеј „Лобања и кости".
- **Африка** – Политичке и краљевске иницијације са масонским обредима, крвни пактови за заштиту или моћ.
- **Азија** – школе Кабале маскиране као мистично просветљење, тајни монашки обреди.
- **Латинска Америка** – Скривени елитни редови, сантерија спојена са утицајем елите и крвним пактовима.
- **Блиски исток** – Древна вавилонска тајна друштва повезана са

структурама моћи и обожавањем лажне светлости.

ОВЕ МРЕЖЕ ЧЕСТО:

- Захтевају крв или усмене заклетве.
- Користите окултне симболе (компас, пирамиде, очи).
- Спроводити церемоније призивајући или посвећујући своју душу реду.
- Доделите утицај или богатство у замену за духовну контролу.

Сведочанство – Исповест једног епископа

Један бискуп у Источној Африци признао је пред својом црквом да се једном придружио слободним зидарима на ниском нивоу током универзитета — једноставно због „веза". Али како се пењао кроз редове, почео је да увиђа чудне захтеве: заклетву ћутања, церемоније са повезима за очи и симболима, и „светло" које је његов молитвени живот учинило хладним. Престао је да сања. Није могао да чита Свето писмо.

Након покајања и јавног одрицања од сваког чина и завета, духовна магла се разишла. Данас, он смело проповеда Христа, разоткривајући оно у чему је некада учествовао. Ланци су били невидљиви — док нису прекинути.

Акциони план – Разбијање утицаја слободних зидара и тајних друштава

1. **Идентификујте** било какву личну или породичну повезаност са слободним зидарством, розенкројцерством, кабалом, кланом „Лобања и кости" или сличним тајним редовима.
2. **Одрените се сваког нивоа или степена иницијације**, од 1. до 33. или вишег, укључујући све ритуале, знакове и заклетве. (Можда ћете пронаћи вођена одрицања за ослобођење на мрежи.)
3. **Молите се са ауторитетом**:

„Прекидам сваку везу душе, крвни завет и заклетву дату тајним друштвима — од мене или у моје име. Враћам своју душу за Исуса Христа!"

1. **Уништите симболичне предмете** : регалије, књиге, сертификате, прстење или урамљене слике.
2. **Прогласите** слободу користећи:
   ◦ *Галатима 5:1*
   ◦ *Псалам 2:1–6*
   ◦ *Исаија 28:15–18*

Групна пријава

- Нека група затвори очи и замоли Светог Духа да открије све тајне везе или породичне везе.
- Корпоративно одрицање: прођите кроз молитву да бисте се осудили на сваку познату или непознату везу са елитним редовима.
- Користите причест да запечатите раскид и поново ускладите завете са Христом.
- Помажите главе и руке — враћајући јасноћу ума и света дела.

Кључни увид

Оно што свет назива „елитом", Бог може назвати гнусобом. Није сваки утицај свет — и није сва светлост Светлост. Не постоји тако нешто као безопасна тајност када је у питању духовна заклетва.

Дневник рефлексије

- Да ли сам био део, или сам био радознао у вези са тајним редовима или групама за мистично просветљење?
- Да ли постоје докази духовног слепила, стагнације или хладноће у мојој вери?
- Да ли треба да се суочим са породичним проблемима са храброшћу и грациозношћу?

Молитва за слободу

Господе Исусе, долазим пред Тебе као једино истинско Светло. Одричем се сваке везе, сваке заклетве, сваког лажног светла и сваког скривеног реда који ме полаже право. Одричем се слободног зидарства, тајних друштава, древних братстава и сваке духовне везе повезане са тамом. Изјављујем да сам само под крвљу Исусовом - запечаћен, ослобођен и слободан. Нека Твој Дух спали све остатке ових завета. У Исусово име, амин.

ДАН 28: КАБАЛА, ЕНЕРГЕТСКЕ МРЕЖЕ И МАМЉИВОСТ МИСТИЧНЕ „СВЕТЛОСТИ"

„Јер се сам Сатана претвара у анђела светлости." — 2. Коринћанима 11:14

„Светлост у теби је тама — колико је само тама!" — Лука 11:35

У доба опседнутог духовним просветљењем, многи несвесно урањају у древне кабалистичке праксе, енергетско исцељење и мистична светлосна учења утемељена у окултним доктринама. Ова учења се често маскирају као „хришћански мистицизам", „јеврејска мудрост" или „духовност заснована на науци" — али потичу из Вавилона, а не из Сиона.

Кабала није само јеврејски филозофски систем; то је духовна матрица изграђена на тајним кодовима, божанским еманацијама (Сефирот) и езотеричним путевима. То је иста заводљива обмана која стоји иза тарота, нумерологије, зодијачких портала и мрежа Новог доба.

Многе познате личности, утицајне личности и пословни могули носе црвене конце, медитирају кристалном енергијом или прате Зохар, а да нису свесни да учествују у невидљивом систему духовног заробљавања.

Глобалне запетљаности

- **Северна Америка** – Кабала центри прерушени у велнес просторе; вођене енергетске медитације.
- **Европа** – Друидска Кабала и езотерично хришћанство подучавани су у тајним редовима.
- **Африка** – Култови просперитета мешају свето писмо са нумерологијом и енергетским порталима.
- **Азија** – Исцељење чакри преименовано у „активацију светлости" усклађено са универзалним кодовима.

- **Латинска Америка** – Свеци помешани са кабалистичким арханђелима у мистичном католицизму.

То је заводљивост лажне светлости — где знање постаје бог, а осветљење постаје затвор.

Право сведочанство – Излазак из „светлосне замке"

Марисол, јужноамерички пословни тренер, мислила је да је открила истинску мудрост кроз нумерологију и „божански енергетски ток" од кабалистичког ментора. Њени снови су постали живописни, визије оштре. Али њен мир? Нестао. Њене везе? Урушавају се.

У сну је мучила сенковита бића, упркос њеним свакодневним „светлим молитвама". Пријатељица јој је послала видео сведочанство бившег мистика који је срео Исуса. Те ноћи, Марисол је позвала Исуса. Видела је заслепљујуће бело светло - не мистично, већ чисто. Мир се вратио. Уништила је своје материјале и започела своје путовање ослобођења. Данас води менторску платформу усмерену на Христа за жене заробљене у духовној обмани.

Акциони план – Одустајање од лажног осветљења

1. **Проверите** своју изложеност: Да ли сте читали мистичне књиге, практиковали енергетско исцељење, пратили хороскопе или носили црвене конце?
2. **Покајте се** што тражите светлост ван Христа.
3. **Прекинути везу** са:
   - Кабала/Зохар учења
   - Енергетска медицина или активација светлости
   - Призивање анђела или декодирање имена
   - Света геометрија, нумерологија или „кодови"
4. **Молите се наглас**:

„Исусе, Ти си светлост свету. Одричем се сваке лажне светлости, сваког окултног учења и сваке мистичне замке. Враћам се Теби као свом једином извору истине!"

1. **Стихови из Светог писма за објављивање**:

- Јован 8:12
- Поновљени закони 18:10–12
- Исаија 2:6
- 2. Коринћанима 11:13–15

Групна пријава

- Питајте: Да ли сте ви (или ваша породица) икада учествовали у или били изложени учењима Њу Ејџа, нумерологије, Кабале или мистичне „светлости"?
- Групно одрицање од лажне светлости и поновно посвећење Исусу као једино Светлости.
- Користите слике соли и светлости — дајте сваком учеснику прстохват соли и свећу да изјави: „Ја сам со и светлост само у Христу."

Кључни увид

Није сва светлост света. Оно што обасјава изван Христа, на крају ће је прогутати.

Дневник рефлексије

- Да ли сам тражио знање, моћ или исцељење ван Божје речи?
- Којих духовних алата или учења треба да се ослободим?
- Да ли постоји неко кога сам упознао са праксама Новог доба или „светлим" праксама, а сада треба да га поново усмерим?

Молитва за ослобођење

Оче, престајем да се слажем са сваким духом лажне светлости, мистицизма и тајног знања. Одричем се Кабале, нумерологије, свете геометрије и сваког мрачног кода који се представља као светлост. Изјављујем да је Исус Светлост мог живота. Напуштам пут обмане и корачам у истину. Очисти ме Својом ватром и испуни ме Светим Духом. У Исусово име. Амин.

ДАН 29: ИЛУМИНАТСКИ ВЕО — РАЗОБЛИКОВАЊЕ ЕЛИТНИХ ОКУЛТНИХ МРЕЖА

„Краљеви земаљски устају и владари се сабирају против Господа и против Помазаника његовог." — Псалам 2:2

„Ништа није скривено што се неће открити, нити ништа тајно што се неће извести на видело." — Лука 8:17

Постоји свет унутар нашег света. Скривен на видику.

Од Холивуда до високих финансија, од политичких коридора до музичких империја, мрежа мрачних савеза и духовних уговора управља системима који обликују културу, мишљење и моћ. То је више од завере - то је древна побуна препакована за модерну сцену.

Илуминати, у својој суштини, нису само тајно друштво – то је луциферијанска агенда. Духовна пирамида где они на врху заклињу верност кроз крв, ритуале и размену душа, често умотаних у симболе, моду и поп културу како би условили масе.

Ово није ствар параноје. Ради се о свесности.

ПРАВА ПРИЧА – ПУТОВАЊЕ од славе до вере

Маркус је био музички продуцент у успону у САД. Када је његов трећи велики хит доспео на топ-листе, упознат је са ексклузивним клубом - моћним мушкарцима и женама, духовним „менторима", уговорима прожетим тајном. У почетку је изгледало као елитно менторство. Затим су уследиле сеансе „призивања" - мрачне собе, црвена светла, појање и ритуали огледала. Почео је да доживљава вантелесна путовања, гласови су му шаптали песме ноћу.

Једне ноћи, под утицајем и муком, покушао је себи да одузме живот. Али Исус је интервенисао. Заступништво баке која се молила је пробило. Побегао је, одрекао се система и започео дуго путовање ослобођења. Данас, он разоткрива таму индустрије кроз музику која сведочи о светлости.

СКРИВЕНИ СИСТЕМИ КОНТРОЛЕ

- **Крвне жртве и сексуални ритуали** – Иницијација у моћ захтева размену: тело, крв или невиност.
- **Програмирање ума (МК Ултра обрасци)** – Користи се у медијима, музици, политици за стварање фрагментираних идентитета и манипулатора.
- **Симболика** – пирамидалне очи, феникси, шаховски подови, сове и обрнуте звезде – капије оданости.
- **Луциферијанска доктрина** – „Ради шта ти је воља", „Постани свој бог", „Просветљење светлоносца".

Акциони план – Ослобађање од елитних мрежа

1. **Покајте се** за учешће у било ком систему везаном за окултно оснаживање, чак и несвесно (музика, медији, уговори).
2. **Одрените се** славе по сваку цену, скривених завета или фасцинације елитним начином живота.
3. **Молите се за** сваки уговор, бренд или мрежу чији сте део. Замолите Светог Духа да разоткрије скривене везе.
4. **Изјавите наглас**:

„Одбацујем сваки систем, заклетву и симбол таме. Припадам Краљевству светлости. Моја душа није на продају!"

1. **Сидрени стихови**:
    - Исаија 28:15–18 – Завет са смрћу неће опстати
    - Псалам 2 – Бог се смеје злим заверама

- 1. Коринћанима 2:6–8 – Владари овога века не разумеју Божју мудрост

ГРУПНА ПРИЈАВА

- Водите групу у сесији **чишћења симбола** — донесите слике или логотипе о којима учесници имају питања.
- Подстакните људе да поделе где су видели знакове Илумината у поп култури и како је то обликовало њихове ставове.
- Позовите учеснике да **поново посвете свој утицај** (музика, мода, медији) Христовој намери.

Кључни увид
Најмоћнија обмана је она која се крије у гламуру. Али када се маска скине, ланци пуцају.

Дневник рефлексије

- Да ли ме привлаче симболи или покрети које не разумем у потпуности?
- Да ли сам дао завете или договоре у тежњи за утицајем или славом?
- Који део свог дара или платформе треба поново да предам Богу?

Молитва за слободу
Оче, одбацујем сваку скривену структуру, заклетву и утицај Илумината и елитног окултизма. Одричем се славе без Тебе, моћи без сврхе и знања без Светог Духа. Поништавам сваки крвни или речни завет икада склопљен нада мном, свесно или несвесно. Исусе, устоличавам Те за Господа над мојим умом, даровима и судбином. Разоткриј и уништи сваки невидљиви ланац. У Твоје име устајем и ходам у светлости. Амин.

ДАН 30: ШКОЛЕ МИСТЕРИЈА — ДРЕВНЕ ТАЈНЕ, МОДЕРНО РОПСТВО

„Њихова грла су отворени гробови; њихови језици преваравају. Отров змијски је на њиховим уснама." — Римљанима 3:13

„Не називајте завером све што овај народ назива завером; не бојте се онога чега се они боје... Господа Сведржитеља светите..." — Исаија 8:12–13

Много пре Илумината, постојале су древне школе мистерија — Египат, Вавилон, Грчка, Персија — осмишљене не само да преносе „знање", већ и да пробуде натприродне моћи кроз мрачне ритуале. Данас се ове школе васкрсавају у елитним универзитетима, духовним ретритима, камповима за „свест", чак и кроз онлајн курсеве обуке маскиране као лични развој или буђење свести вишег реда.

Од кабалских кругова до теозофије, херметичких редова и розенкројцерства — циљ је исти: „постати као богови", буђење латентне моћи без предаје Богу. Скривене песме, света геометрија, астрална пројекција, откључавање епифизе и церемонијални ритуали многе доводе у духовно ропство под маском „светлости".

Али свака „светлост" која није утемељена у Исусу је лажна светлост. И свака скривена заклетва мора бити прекршена.

Права прича – од вештог до напуштеног

Сандра*, јужноафрички велнес тренер, иницирана је у египатски мистеријски ред кроз менторски програм. Обука је обухватала поравнања чакри, медитације сунца, месечеве ритуале и древне свитке мудрости. Почела је да доживљава „преузимања" и „уздизања", али су се убрзо то претворило у нападе панике, парализу сна и суицидалне епизоде.

Када је свештеник за ослобођење открио извор, Сандра је схватила да је њена душа везана заветима и духовним уговорима. Одрицање од реда значило је губитак прихода и веза — али је стекла слободу. Данас води исцелитељски центар усмерен на Христа, упозоравајући друге на обману Новог доба.

Заједничке нити школа мистерија данас

- **Кабалистички кругови** – јеврејски мистицизам помешан са нумерологијом, обожавањем анђела и астралним равнима.
- **Херметизам** – доктрина „како горе, тако и доле"; оснаживање душе да манипулише стварношћу.
- **Розенкројцери** – Тајни редови везани за алхемијску трансформацију и уздизање духа.
- **Слободно зидарство и езотерична братства** – слојевита прогресија у скривену светлост; сваки степен везан заклетвом и ритуалима.
- **Духовне ретрите** – Психоделичне церемоније „просветљења" са шаманима или „водичима".

Акциони план – Рушење древних јарма

1. **Одреците се** свих завета склопљених кроз иницијације, курсеве или духовне уговоре ван Христа.
2. **Укините** моћ сваког извора „светла" или „енергије" који није утемељен у Светом Духу.
3. **Очистите** свој дом од симбола: анха, Хорусовог ока, свете геометрије, олтара, тамјана, статуа или ритуалних књига.
4. **Изјавите наглас** :

„Одбацујем сваки древни и модерни пут ка лажној светлости. Покоравам се Исусу Христу, истинској Светлости. Свака тајна заклетва је прекршена Његовом крвљу."

СИДРЕНИ СТИХОВИ

- Колошанима 2:8 – Без празне и обмањујуће филозофије
- Јован 1:4–5 – Истинита светлост светли у тами

- 1. Коринћанима 1:19–20 – Бог уништава мудрост мудрих

ГРУПНА ПРИЈАВА

- Организујте симболично вече „спаљивања свитака" (Дела апостолска 19:19) — где чланови групе доносе и уништавају све окултне књиге, накит, предмете.
- Молите се за људе који су „преузели" чудно знање или отворили чакре трећег ока кроз медитацију.
- Проведите учеснике кроз молитву **„преноса светлости"** — молећи Светог Духа да преузме свако подручје које је претходно било предато окултној светлости.

КЉУЧНИ УВИД

Бог не крије истину у загонеткама и ритуалима — Он је открива кроз свог Сина. Чувајте се „светлости" која вас вуче у таму.

ДНЕВНИК РЕФЛЕКСИЈЕ

- Да ли сам се придружио/ла некој онлајн или физичкој школи која обећава древну мудрост, активацију или мистериозне моћи?
- Да ли постоје књиге, симболи или ритуали за које сам некада мислио да су безопасни, а сада се осећам осуђено због њих?
- Где сам више тражио духовно искуство него однос са Богом?

Молитва за ослобођење

Господе Исусе, Ти си Пут, Истина и Светлост. Кајем се за сваки пут којим сам кренуо, а који је заобишао Твоју Реч. Одричем се свих мистеријских школа, тајних редова, заклетва и иницијација. Прекидам везе душе са свим водичима, учитељима, духовима и системима укорењеним у древној обмани.

Засијај Својом светлошћу у сваком скривеном делу мог срца и испуни ме истином Твог Духа. У Исусово име, ходам слободно. Амин.

ДАН 31: КАБАЛА, СВЕТА ГЕОМЕТРИЈА И ЕЛИТНА СВЕТЛОСНА ОБМАНА

„Јер сам Сатана се претвара у анђела светлости." — 2. Коринћанима 11:14

„Тајне ствари припадају Господу Богу нашем, а објављене ствари припадају нама..." — Поновљени закони 29:29

У нашој потрази за духовним знањем, крије се опасност - мамац „скривене мудрости" која обећава моћ, светлост и божанство одвојено од Христа. Од кругова славних до тајних ложа, од уметности до архитектуре, образац обмане се провлачи широм света, увлачећи трагаоце у езотеричну мрежу **Кабале**, **свете геометрије** и **мистериозних учења**.

Ово нису безопасна интелектуална истраживања. То су улази у духовне завете са палим анђелима који се маскирају као светлост.

ГЛОБАЛНЕ МАНИФЕСТАЦИЈЕ

- **Холивуд и музичка индустрија** – Многе познате личности отворено носе кабалске наруквице или тетовирају свете симболе (попут Дрвета живота) који воде порекло до окултног јеврејског мистицизма.

- **Мода и архитектура** – Масонски дизајни и свети геометријски обрасци (Цвет живота, хексаграми, Хорусово око) уграђени су у одећу, зграде и дигиталну уметност.

- **Блиски исток и Европа** – Центри за проучавање Кабале цветају међу елитом, често мешајући мистицизам са нумерологијом,

астрологијом и анђеоским инвокацијама.
- **Онлајн и кругови новог доба широм света** – Јутјуб, ТикТок и подкасти нормализују учења „светлосних кодова", „енергетских портала", „вибрација 3–6–9" и „божанске матрице" заснована на светој геометрији и кабалистичким оквирима.

Права прича — Када светлост постане лаж

Јана, двадесетседмогодишњакиња из Шведске, почела је да истражује Кабалу након што је пратила свог омиљеног певача који јој је приписао заслузи за њено „креативно буђење". Купила је црвену наруквицу од канапа, почела да медитира са геометријским мандалама и проучава имена анђела из древних хебрејских текстова.

Ствари су почеле да се мењају. Њени снови су постали чудни. Осећала је бића поред себе у сну, која су јој шапутала мудрост - а затим захтевала крв. Сенке су је пратиле, али је жудела за више светлости.

На крају је на интернету наишла на видео о ослобођењу и схватила да њена мука није духовни успон, већ духовна обмана. Након шест месеци сеанси ослобођења, поста и спаљивања сваког кабалистичког предмета у њеној кући, мир је почео да се враћа. Сада упозорава друге путем свог блога: „Лажно светло ме је скоро уништило."

РАЗАЗНАВАЊЕ ПУТА

Кабала, иако понекад обучена у верске одоре, одбацује Исуса Христа као једини пут до Бога. Често уздиже **„божански лик"**, промовише **канализање** и **уздизање на дрвету живота** и користи **математички мистицизам** да призове моћ. Ове праксе отварају **духовне капије** - не ка небу, већ ентитетима који се маскирају као носиоци светлости.

Многе кабалистичке доктрине се пресецају са:

- Слободно зидарство
- Розенкројцерство
- Гностицизам
- Луциферијански култови просветљења

Заједнички именилац? Тежња ка божанству без Христа.

Акциони план – Разоткривање и уклањање лажног светла

1. **Покајте се** за свако бављење Кабалом, нумерологијом, светом геометријом или учењима „мистериозне школе".
2. **Уништите предмете** у свом дому повезане са овим праксама - мандале, олтаре, кабала текстове, кристалне решетке, накит са светим симболима.
3. **Одреците се духова лажне светлости** (нпр. Метатрона, Разијела, Шекине у мистичном облику) и наредите сваком лажном анђелу да оде.
4. **Уроните** у једноставност и довољност Христову (2. Коринћанима 11:3).
5. **Пости и помажи се** — очи, чело, руке — одричући се сваке лажне мудрости и изјављујући своју верност једино Богу.

Групна пријава

- Поделите сва сусрета са „светлосним учењима", нумерологијом, кабалским медијима или светим симболима.
- Као група, наведите фразе или веровања која звуче „духовно", али се противе Христу (нпр. „Ја сам божански", „универзум пружа", „Христова свест").
- Помажите сваку особу уљем док изговарате Јован 8:12 — *„Исус је светлост свету."*
- Спалите или баците све материјале или предмете који се односе на сакралну геометрију, мистицизам или „божанске кодове".

КЉУЧНИ УВИД

Сатана не долази прво као уништитељ. Он често долази као просветитељ — нудећи тајно знање и лажно светло. Али то светло води само до дубљег мрака.

Дневник рефлексије

- Да ли сам отворио свој дух за било какво „духовно светло" које је заобишло Христа?
- Да ли постоје симболи, фразе или предмети за које сам мислио да су безопасни, а које сада препознајем као портале?
- Да ли сам уздигао личну мудрост изнад библијске истине?

Молитва за ослобођење

Оче, одричем се сваке лажне светлости, мистичног учења и тајног знања које је заплело моју душу. Исповедам да је само Исус Христос истинска Светлост света. Одбацујем Кабалу, свету геометрију, нумерологију и све доктрине демона. Нека сваки лажни дух сада буде искорењен из мог живота. Очисти моје очи, моје мисли, моју машту и мој дух. Ја сам само Твој - дух, душа и тело. У Исусово име. Амин.

ДАН 3 2: ЗМИЈСКИ ДУХ У НАМА — КАДА ОСЛОБОЂЕЊE ДОЛАЗИ ПРЕКАСНО

„Очи су им пуне прељубе... заводе несталне душе... иду путем Валаама... за кога је заувек сачувана црна тама." — 2. Петрова 2:14–17

„Не варајте се: Бог се не може ругати. Човек жање оно што посеје." — Галатима 6:7

Постоји демонски фалсификат који се представља као просветљење. Лечи, енергизира, оснажује — али само на кратко. Шапуће божанске мистерије, отвара ваше „треће око", ослобађа моћ у кичми — а затим **вас поробљава у муци**.

То је **Кундалини**.

Змијски **дух**.

Лажни „свети дух" Новог доба.

Једном активирана — кроз јогу, медитацију, психоделике, трауму или окултне ритуале — ова сила се увија у основи кичме и диже се попут ватре кроз чакре. Многи верују да је то духовно буђење. У стварности, то је **демонска опседнутост** прерушена у божанску енергију.

Али шта се дешава када **неће нестати**?

Права прича – „Не могу да је искључим"

Мариса, млада хришћанка у Канади, бавила се „хришћанском јогом" пре него што је посветила свој живот Христу. Волела је мирна осећања, вибрације, светлосне визије. Али након једне интензивне сеансе где је осетила како јој се кичма „запаљује", изгубила је свест — и пробудила се неспособна да дише. Те ноћи, нешто је почело **да јој мучи сан**, увијајући јој тело, појављујући се као „Исус" у њеним сновима — али јој се ругајући.

је добила **ослобођење**. Духови би одлазили — али би се враћали. Њена кичма је и даље вибрирала. Њене очи су стално гледале у духовни свет. Њено тело би се нехотице кретало. Упркос спасењу, сада је пролазила кроз пакао који је мало хришћана разумело. Њен дух је био спашен — али њена душа је била **оскврњена, напукла и фрагментирана**.

Последице о којима нико не говори

- **Треће око остаје отворено**: сталне визије, халуцинације, духовна бука, „анђели" који говоре лажи.
- **Тело не престаје да вибрира**: Неконтролисана енергија, притисак у лобањи, палпитације срца.
- **Неумољива мука**: Чак и након 10+ сеанси ослобођења.
- **Изолација**: Пастори не разумеју. Цркве игноришу проблем. Особа је означена као „нестабилна".
- **Страх од пакла**: Не због греха, већ због муке која не престаје.

Могу ли хришћани достићи тачку без повратка?

Да — у овом животу. Можете бити **спасени**, али толико фрагментирани да **је ваша душа у мукама до смрти**.

Ово није ширење страха. Ово је **пророчко упозорење**.

Глобални примери

- **Африка** – Лажни пророци ослобађају ватру Кундалини током служби – људи се грче, пене, смеју се или ричу.
- **Азија** – Јога мајстори се уздижу у „сидхи" (демонска опседнутост) и називају то божанском свешћу.
- **Европа/Северна Америка** – Неохаризматични покрети који каналишу „царства славе", лају, смеју се, падају неконтролисано – нису од Бога.
- **Латинска Америка** – Шаманска буђења користећи ајахуаску (биљне дроге) да би отворила духовна врата која не могу затворити.

АКЦИОНИ ПЛАН — АКО сте отишли предалеко

1. **Признајте тачан портал** : Кундалини јога, медитације трећег ока, цркве новог доба, психоделици итд.
2. **Престаните са сваком јурњавом за ослобођењем** : Неки духови муче дуже када их стално оснажујете страхом.
3. **Усидрите се у Светом писму** СВАКОГ ДНЕВНОГ — посебно у Псалму 119, Исаији 61 и Јовану 1. Ово обнавља душу.
4. **Пошаљите заједници** : Пронађите барем једног верника испуњеног Светим Духом са којим ћете ходати. Изолација оснажује демоне.
5. **Одреците се сваког духовног „вида", ватре, знања, енергије —** чак и ако се чини светим.
6. **Моли Бога за милост** — Не једном. Свакодневно. Сваког сата. Истрај. Бог можда неће одмах уклонити, али ће те носити.

ГРУПНА ПРИЈАВА

- Одвојите време за тихо размишљање. Запитајте се: Да ли сам тежио духовној моћи пре духовне чистоте?
- Молите се за оне који имају неумољиве муке. НЕ обећавајте тренутну слободу - обећајте **учениште** .
- Поучите разлику између **плода Духа** (Галаћанима 5:22–23) и **душевних манифестација** (дрхтавица, врућина, визије).
- Спалите или уништите сваки предмет новог доба: симболе чакри, кристале, простирке за јогу, књиге, уља, „Исусове карте".

Кључни увид

Постоји **граница** која се може прећи — када душа постане отворена капија и одбија да се затвори. Ваш дух може бити спасен... али ваша душа и тело могу и даље живети у мукама ако сте оскврњени окултном светлошћу.

Дневник рефлексије

- Да ли сам икада више тежио моћи, ватри или пророчком виду него светости и истини?
- Да ли сам отворио врата кроз „христијанизоване" праксе новог доба?
- Да ли сам спреман да **свакодневно ходам** са Богом чак и ако потпуно ослобођење траје годинама?

Молитва за преживљавање

Оче, вапијем за милост. Одричем се сваког змијског духа, моћи Кундалини, отварања трећег ока, лажне ватре или фалсификата новог доба којег сам се икада дотакао. Предајем своју душу — сломљену каква јесте — назад Теби. Исусе, спаси ме не само од греха, већ и од муке. Запечати моја врата. Исцели мој ум. Затвори ми очи. Згњечи змију у мојој кичми. Чекам Те, чак и у болу. И нећу одустати. У Исусово име. Амин.

ДАН 33: ЗМИЈСКИ ДУХ У НАМА — КАДА ОСЛОБОЂЕЊЕ ДОЛАЗИ ПРЕКАСНО

„*Очи су им пуне прељубе... заводе нестaлне душе... иду путем Валаама... за кога је заувек сачувана црна тама.*" — 2. Петрова 2:14–17

„*Не варајте се: Бог се не може ругати. Човек жање оно што посеје.*" — Галатима 6:7

Постоји демонски фалсификат који се представља као просветљење. Лечи, енергизира, оснажује — али само на кратко. Шапуће божанске мистерије, отвара ваше „треће око", ослобађа моћ у кичми — а затим **вас поробљава у муци**.

То је **Кундалини**.

Змијски дух.

Лажни „свети дух" Новог доба.

Једном активирана — кроз јогу, медитацију, психоделике, трауму или окултне ритуале — ова сила се увија у основи кичме и диже се попут ватре кроз чакре. Многи верују да је то духовно буђење. У стварности, то је **демонска опседнутост** прерушена у божанску енергију.

Али шта се дешава када **неће нестати**?

Права прича – „Не могу да је искључим"

Мариса, млада хришћанка у Канади, бавила се „хришћанском јогом" пре него што је посветила свој живот Христу. Волела је мирна осећања, вибрације, светлосне визије. Али након једне интензивне сеансе где је осетила како јој се кичма „запаљује", изгубила је свест — и пробудила се неспособна да дише. Те ноћи, нешто је почело **да јој мучи сан**, увијајући јој тело, појављујући се као „Исус" у њеним сновима — али јој се ругајући.

је добила **ослобођење** . Духови би одлазили — али би се враћали. Њена кичма је и даље вибрирала. Њене очи су стално гледале у духовни свет. Њено тело би се нехотице кретало. Упркос спасењу, сада је пролазила кроз пакао који је мало хришћана разумело. Њен дух је био спашен — али њена душа је била **оскврњена, напукла и фрагментирана** .

Последице о којима нико не говори

- **Треће око остаје отворено** : сталне визије, халуцинације, духовна бука, „анђели" који говоре лажи.
- **Тело не престаје да вибрира** : Неконтролисана енергија, притисак у лобањи, палпитације срца.
- **Неумољива мука** : Чак и након 10+ сеанси ослобођења.
- **Изолација** : Пастори не разумеју. Цркве игноришу проблем. Особа је означена као „нестабилна".
- **Страх од пакла** : Не због греха, већ због муке која не престаје.

Могу ли хришћани достићи тачку без повратка?

Да — у овом животу. Можете бити **спасени** , али толико фрагментирани да **је ваша душа у мукама до смрти** .

Ово није ширење страха. Ово је **пророчко упозорење** .

Глобални примери

- **Африка** – Лажни пророци ослобађају ватру Кундалини током служби – људи се грче, пене, смеју се или ричу.
- **Азија** – Јога мајстори се уздижу у „сидхи" (демонска опседнутост) и називају то божанском свешћу.
- **Европа/Северна Америка** – Неохаризматични покрети који каналишу „царства славе", лају, смеју се, падају неконтролисано – нису од Бога.
- **Латинска Америка** – Шаманска буђења користећи ајахуаску (биљне дроге) да би отворила духовна врата која не могу затворити.

Акциони план — ако сте отишли предалеко

1. **Признајте тачан портал** : Кундалини јога, медитације трећег ока, цркве новог доба, психоделици итд.
2. **Престаните са сваком јурњавом за ослобођењем** : Неки духови муче дуже када их стално оснажујете страхом.
3. **Усидрите се у Светом писму** СВАКОГ ДНЕВНОГ — посебно у Псалму 119, Исаији 61 и Јовану 1. Ово обнавља душу.
4. **Пошаљите заједници** : Пронађите барем једног верника испуњеног Светим Духом са којим ћете ходати. Изолација оснажује демоне.
5. **Одрeците се сваког духовног „вида", ватре, знања, енергије** — чак и ако се чини светим.
6. **Моли Бога за милост** — Не једном. Свакодневно. Сваког сата. Истрај. Бог можда неће одмах уклонити, али ће те носити.

Групна пријава

- Одвојите време за тихо размишљање. Запитајте се: Да ли сам тежио духовној моћи пре духовне чистоте?
- Молите се за оне који имају неумољиве муке. НЕ обећавајте тренутну слободу - обећајте **ученишство** .
- Поучите разлику између **плода Духа** (Галаћанима 5:22–23) и **душевних манифестација** (дрхтавица, врућина, визије).
- Спалите или уништите сваки предмет новог доба: симболе чакри, кристале, простирке за јогу, књиге, уља, „Исусове карте".

Кључни увид

Постоји **граница** која се може прећи — када душа постане отворена капија и одбија да се затвори. Ваш дух може бити спасен... али ваша душа и тело могу и даље живети у мукама ако сте оскврњени окултном светлошћу.

Дневник рефлексије

- Да ли сам икада више тежио моћи, ватри или пророчком виду него светости и истини?
- Да ли сам отворио врата кроз „христијанизоване" праксе новог доба?
- Да ли сам спреман да **свакодневно ходам** са Богом чак и ако потпуно ослобођење траје годинама?

Молитва за преживљавање

Оче, вапијем за милост. Одричем се сваког змијског духа, моћи Кундалини, отварања трећег ока, лажне ватре или фалсификата новог доба којег сам се икада дотакао. Предајем своју душу — сломљену каква јесте — назад Теби. Исусе, спаси ме не само од греха, већ и од муке. Запечати моја врата. Исцели мој ум. Затвори ми очи. Згњечи змију у мојој кичми. Чекам Те, чак и у болу. И нећу одустати. У Исусово име. Амин.

ДАН 34: МАСОНИ, ЗАКОНИЦИ И ПРОКЛЕТСТВА — Када братство постане ропство

„*Не учествујте у бесплодним делима таме, него их разоткривајте.*" — Ефесцима 5:11

„*Не склапајте савез с њима ни с њиховим боговима.*" — Излазак 23:32

Тајна друштва обећавају успех, повезаност и древну мудрост. Нуде **заклетве, дипломе и тајне** које се преносе „за добре људе". Али оно што већина не схвата јесте: ова друштва су **олтари завета**, често изграђени на крви, обмани и демонској оданости.

Од слободног зидарства до кабале, розенкројцера до Лобање и костију — ове организације нису само клубови. То су **духовни уговори**, склопљени у мраку и запечаћени обредима који **проклињу генерације**.

Неки су се придружили добровољно. Други су имали претке који су то урадили.

У сваком случају, клетва остаје — док се не разбије.

Скривено наслеђе — Џејсонова прича

Џејсон, успешан банкар у САД, имао је све што му је ишло од руке - лепу породицу, богатство и утицај. Али ноћу би се будио гушећи се, видећи фигуре са капуљачама и чујући бајалице у сновима. Његов деда је био масон 33. степена, а Џејсон је и даље носио прстен.

Једном је у шали изговорио масонске завете на клупском догађају — али чим је то учинио, **нешто га је синуло**. Почео је да му се ломи ум. Чуо је гласове. Жена га је оставила. Покушао је да свему стане на крај.

На једном повлачењу, неко је препознао масонску везу. Џејсон је плакао док **се одрицао сваке заклетве**, сломио прстен и подвргавао се ослобођењу три сата. Те ноћи, први пут после година, спавао је у миру.

Његово сведочење?

„Не шалиш се са тајним олтарима. Они говоре — док их не ућуткаш у име Исусово."

ГЛОБАЛНА МРЕЖА БРАТСТВА

- **Европа** – Слободно зидарство дубоко укорењено у бизнису, политици и црквеним деноминацијама.
- **Африка** – Илуминати и тајни редови који нуде богатство у замену за душе; култови на универзитетима.
- **Латинска Америка** – језуитска инфилтрација и масонски обреди помешани са католичким мистицизмом.
- **Азија** – Древне школе мистерија, храмовско свештенство везано за генерацијске заклетве.
- **Северна Америка** – Источна звезда, Шкотски обред, братства попут Скабал и костију, елите Боемског гровеа.

Ови култови често призивају „Бога", али не **Бога из Библије** — они се позивају на **Великог Архитекту**, безличну силу повезану са **луциферијанском светлошћу**.

Знаци да сте погођени

- Хронична болест коју лекари не могу да објасне.
- Страх од напредовања или страх од одвајања од породичних система.
- Снови о одорама, ритуалима, тајним вратима, ложама или чудним церемонијама.
- Депресија или лудило у мушкој линији.
- Жене које се боре са неплодношћу, злостављањем или страхом.

План акције за ослобађање

1. **Одрекните се свих познатих заклетви** – посебно ако сте ви или ваша породица били део слободног зидарства, розенкројцера, Источне звезде, кабале или било ког „братства".

2. **Прекини сваки степен** – од уписаног шегрта до 33. степена, по имену.
3. **Уништите све симболе** – прстење, кецеље, књиге, привеске, сертификате итд.
4. **Затворите капију** – духовно и законски кроз молитву и изјаву.

Користите ове стихове из Светог писма:

- Исаија 28:18 — „Твој савез са смрћу биће поништен."
- Галаћанима 3:13 — „Христос нас је искупио од клетве закона."
- Језекиљ 13:20–23 — „Раскидаћу твоје велове и ослободићу народ свој."

Групна пријава

- Питајте да ли је неки члан имао родитеље или баке и деке у тајним друштвима.
- Водите **вођено одрицање** кроз све степене слободног зидарства (можете направити штампани сценарио за ово).
- Користите симболичне радње - запалите стари прстен или нацртајте крст преко чела да бисте поништили „треће око" отворено у ритуалима.
- Молите се над умовима, вратовима и леђима — то су уобичајена места ропства.

Кључни увид
Братство без крви Христове је братство ропства.
Морате изабрати: завет са човеком или завет са Богом.
Дневник рефлексије

- Да ли је неко у мојој породици био укључен у слободно зидарство, мистицизам или тајне заклетве?
- Да ли сам несвесно рецитовао или имитирао завете, веровања или симболе везане за тајна друштва?
- Да ли сам спреман да прекинем породичну традицију да бих у

потпуности ходао у Божјем завету?

Молитва одрицања

Оче, у име Исусово, одричем се сваког завета, заклетве или ритуала везаног за слободно зидарство, Кабалу или било које тајно друштво - у мом животу или крвној лози. Кршим сваки степен, сваку лаж, свако демонско право које је дато кроз церемоније или симболе. Изјављујем да је Исус Христ моја једина Светлост, мој једини Архитекта и мој једини Господ. Сада примам слободу, у Исусово име. Амин.

ДАН 35: ВЕШТИЦЕ У ВЕСТНИЧКИМ КЛУПАМА — КАДА ЗЛО УЂЕ КРОЗ ВРАТА ЦРКВЕ

„*Јер такви људи су лажни апостоли, преварни радници, који се прерушавају у апостоле Христове. И није чудо, јер се чак и сатана прерушава у анђела светлости.*" — 2. Коринћанима 11:13–14

„*Знам твоја дела, твоју љубав и твоју веру... Али имам ово против тебе: трпиш жену Језавељу која себе назива пророчицом...*" — Откривење 2:19–20

Најопаснија вештица није она која лети ноћу.

То је она која **седи поред тебе у цркви**.

Они не носе црне хаљине нити јашу метле.

Они воде молитвене састанке. Певају у тимовима за слављење. Пророкују у језицима. Пасторирају у црквама. А ипак... они су **носиоци таме**.

Неки тачно знају шта раде — послати су као духовни убице.

Други су жртве врачања предака или побуне, оперишући даровима који су **нечисти**.

Црква као заштита — „Миријина" прича

Миријам је била популарна проповедница ослобођења у великој цркви у западној Африци. Њен глас је заповедао демонима да беже. Људи су путовали кроз различите нације да би их она помазала.

Али Миријам је имала тајну: ноћу је путовала ван свог тела. Видела би домове чланова цркве, њихове слабости и њихове крвне линије. Мислила је да је то „пророчко".

Њена моћ је расла. Али и њена мука је расла.

Почела је да чује гласове. Није могла да спава. Њена деца су нападнута. Муж ју је оставио.

Коначно је признала: као дете ју је „активирала" бака, моћна вештица која ју је терала да спава под уклетим ћебадима.

„Мислио сам да сам испуњен Светим Духом. Био је то дух... али не и Свети."

Прошла је кроз ослобођење. Али ратовање никада није престало. Она каже:

„Да се нисам исповедио, умро бих на олтару у пожару... у цркви."

Глобалне ситуације скривеног врачања у Цркви

- **Африка** – Духовна завист. Пророци који користе прорицање, ритуале, водене духове. Многи олтари су заправо портали.
- **Европа** – Видовити медији се представљају као „духовни тренери". Вештичарење умотано у хришћанство новог доба.
- **Азија** – Свештенице храмова улазе у цркве да би бацале клетве и обраћене у астралне мониторе.
- **Латинска Америка** – Сантерија – практикујући „пастори" који проповедају ослобођење, али жртвују пилиће ноћу.
- **Северна Америка** – хришћанске вештице које тврде да имају „Исуса и тарот", енергетски исцелитељи на црквеним позорницама и пастори укључени у обреде слободних зидара.

Знаци врачања које делује у цркви

- Тешка атмосфера или конфузија током богослужења.
- Снови о змијама, сексу или животињама након службе.
- Руководство упада у изненадни грех или скандал.
- „Пророчанства" која манипулишу, заводе или срамоте.
- Свако ко каже „Бог ми је рекао да си ми муж/жена".
- Чудни предмети пронађени у близини проповедаонице или олтара.

ПЛАН АКЦИЈЕ ЗА ОСЛОБАЂАЊЕ

1. **Молите се за разборитост** — Замолите Светог Духа да открије да ли у вашој заједници постоје скривене вештице.
2. **Испитајте сваки дух** — чак и ако звучи духовно (1. Јованова 4:1).
3. **Прекините везе душе** — Ако се неко над вама молио, ако вам је проречено или вас је додирнуо неко нечист, **одреците се тога**.
4. **Молите се над својом црквом** — објавите огањ Божји да разоткрије сваки скривени олтар, тајни грех и духовну пијавицу.
5. **Ако сте жртва** — Потражите помоћ. Не ћутите или останите сами.

Групна пријава

- Питајте чланове групе: Да ли сте се икада осећали непријатно или духовно повређено на црквеној служби?
- Водите **заједничку молитву за чишћење** заједнице.
- Помажите сваку особу и поставите **духовни заштитни зид** око умова, олтара и дарова.
- Научите вође како да **проверавају дарове** и **испитују духове** пре него што људима дозволе да преузму видљиве улоге.

Кључни увид
Нису сви који говоре „Господе, Господе" од Господа.
Црква је **главно бојно поље** за духовну контаминацију — али и место исцељења када се истина поштује.

Дневник рефлексије

- Да ли сам примио молитве, савете или менторство од некога чији је живот донео несвете плодове?
- Да ли је било тренутака када сам се осећао „лоше" после цркве, али сам то игнорисао?
- Да ли сам спреман да се супротставим врачању чак и ако оно носи одело или пева на сцени?

Молитва за изложеност и слободу

Господе Исусе, хвала Ти што си истинска Светлост. Молим Те сада да разоткријеш сваког скривеног агента таме који делује у или око мог животу и заједнице. Одричем се сваког несветог давања, лажног пророчанства или везе душе коју сам примио од духовних варалица. Очисти ме Својом крвљу. Прочисти моје дарове. Чувај моја врата. Спали сваки лажни дух Својом светом ватром. У Исусово име. Амин.

ДАН 36: КОДИРАНЕ ЧАРОЛИЈЕ — КАДА ПЕСМЕ, МОДА И ФИЛМОВИ ПОСТАНУ ПОРТАЛИ

„**Н**е учествујте у бесплодним делима таме, него их разоткривајте." — Ефесцима 5:11

„Не бавите се безбожним митовима и бабским причама, него се вежбајте у побожности." — 1. Тимотеју 4:7

Не почиње свака битка крвном жртвом.

Неке почињу ритмом. Мелодијом.

. Занимљивим стихом који вам се урезује у душу. Или **симболом** на одећи за који сте мислили да је „кул".

Или „безопасном" емисијом коју гледате лудо док се демони смеше у сенци.

У данашњем хиперповезаном свету, вештичарење је **кодирано** — скрива се на **видном месту** кроз медије, музику, филмове и моду.

Затамњени звук — права прича: „Слушалице"

Илија, седамнаестогодишњак из САД, почео је да има нападе панике, несанице и демонске снове. Његови хришћански родитељи су мислили да је то стрес.

Али током сесије ослобођења, Свети Дух је наложио тиму да га питају о његовој **музици**.

Признао је: „Слушам треп метал. Знам да је мрачан... али ми помаже да се осећам моћно."

Када је тим свирао једну од његових омиљених песама у молитви, догодила се **манифестација**.

Ритмови су били кодирани **појањима** из окултних ритуала. Маскирање уназад откривало је фразе попут „покори своју душу" и „Луцифер говори".

Када је Илија избрисао музику, покајао се и прекинуо везу, мир се вратио.

Рат је ушао кроз **врата његових ушију**.

Глобални програмски обрасци

- **Африка** – афробит песме везане за ритуале новца; референце на „џуџу" скривене у текстовима; модни брендови са симболима морског царства.
- **Азија** – К-поп са подсвесним сексуалним и духовним порукама; аниме ликови прожети шинтоистичким знањем о демонима.
- **Латинска Америка** – Регетон који форсира сантеријске песме и обрнуто кодиране чаролије.
- **Европа** – Модне куће (Гучи, Баленсијага) уграђују сатанске симболе и ритуале у културу модних писта.
- **Северна Америка** – холивудски филмови кодирани врачањем (Марвел, хорор, филмови о „светлости против таме"); цртани филмови који користе бацање чини као забаву.

Common Entry Portals (and Their Spirit Assignments)

Media Type	Portal	Demonic Assignment
Music	Beats/samples from rituals	Torment, violence, rebellion
TV Series	Magic, lust, murder glorification	Desensitization, soul dulling
Fashion	Symbols (serpent, eye, goat, triangles)	Identity confusion, spiritual binding
Video Games	Sorcery, blood rites, avatars	Astral transfer, addiction, occult alignment
Social Media	Trends on "manifestation," crystals, spells	Sorcery normalization

АКЦИОНИ ПЛАН – РАЗАЗНАЈ, Детоксикуј, Брани

1. **Прегледајте своју плејлисту, гардеробу и историју гледања**. Потражите окултни, пожудни, бунтовнички или насилни садржај.
2. **Замолите Светог Духа да разоткрије** сваки несвети утицај.
3. **Обриши и уништи**. Не продај нити донирај. Спали или баци у смеће било шта демонско - физичко или дигитално.
4. **Помажите своје уређаје**, собу и уши. Прогласите их освећеним за Божју славу.
5. **Замените истином**: Обожавајте музику, побожне филмове, књиге и читања из Светог писма која обнављају ваш ум.

Групна пријава

- Водите чланове кроз „Медијски инвентар". Нека свака особа запише емисије, песме или предмете за које сумња да су портали.
- Молите се преко телефона и слушалица. Помажите их.
- Урадите групни „детоксикациони пост" — 3 до 7 дана без секуларних медија. Храните се само Божјом речју, богослужењем и дружењем.
- Сведочите о резултатима на следећем састанку.

Кључни увид

Демонима више није потребно светилиште да би ушли у вашу кућу. Све што им је потребно је ваш пристанак да притисну дугме за репродукцију.

Дневник рефлексије

- Шта сам гледао/ла, чуо/ла или носио/ла што би могло бити отворена врата за угњетавање?
- Да ли сам спреман да се одрекнем онога што ме забавља ако ме то истовремено и поробљава?
- Да ли сам нормализовао побуну, похоту, насиље или подсмех у име „уметности"?

МОЛИТВА ЗА ОЧИШЋЕЊЕ

Господе Исусе, долазим пред Тебе тражећи потпуну духовну детоксикацију. Разоткриј сваку кодирану чаролију коју сам пустила у свој живот кроз музику, моду, игре или медије. Кајем се што гледам, носим и слушам оно што Те срамоти. Данас прекидам везе душе. Избацујем сваки дух побуне, врачања, похоте, збуњености или мучења. Очисти моје очи, уши и срце. Сада посвећујем своје тело, медије и изборе само Теби. У Исусово име. Амин.

ДАН 37: НЕВИДЉИВИ ОЛТАР МОЋИ — СЛОБОДНИ ЗИДАРИ, КАБАЛА И ОКУЛТНЕ ЕЛИТЕ

„*Опет га ђаво одведе на веома високу гору и показа му сва царства света и њихов сјај, говорећи му: 'Све ћу ти ово дати', рече, 'ако ми се поклониш и поклониш ми се'.*" — Матеј 4:8–9

„*Не можете пити чашу Господњу и чашу демонску; не можете бити учесници и на трпези Господњој и на трпези демонској.*" — 1. Коринћанима 10:21

Постоје олтари скривени не у пећинама, већ у салама за састанке.

Духови не само у џунглама - већ и у владиним зградама, финансијским торњевима, библиотекама Ајви лиге и светилиштима прерушеним у „цркве".

Добродошли у царство **елитног окултизма** :

масона, розенкројцера , кабалиста , језуитских редова, Источних звезда и скривених луциферијанских свештеника који **своју оданост Сатани прикривају ритуалима, тајнама и симболима** . Њихови богови су разум, моћ и древно знање — али њихове **душе су заветене у тами** .

Скривено на видном месту

- **Слободно зидарство** се представља као братство градитеља — ипак његови виши степени призивају демонска бића, заклињу се на смрт и уздижу Луцифера као „носиоца светлости".
- **Кабала** обећава мистични приступ Богу — али суптилно замењује Јахвеа мапама космичке енергије и нумерологијом.
- **Језуитски мистицизам** , у својим искварeним облицима, често меша католичке слике са духовном манипулацијом и контролом светских система.

- **Холивуд, мода, финансије и политика** носе кодиране поруке, симболе и **јавне ритуале који су заправо службе посвећене Луциферу**.

Не морате бити позната личност да бисте били погођени. Ови системи **загађују нације** кроз:

- Медијски програм
- Образовни системи
- Религиозни компромис
- Финансијска зависност
- Ритуали прикривени као „иницијације", „завете" или „уговори о бренду"

Истинита прича – „Ложа је уништила моје порекло"

Соломон (име промењено), успешан пословни магнат из Велике Британије, придружио се масонској ложи због умрежавања. Брзо се уздигао, стичући богатство и углед. Али је такође почео да има застрашујуће ноћне море - људи у плаштовима га призивају, крвне заклетве, мрачне животиње га јуре. Његова ћерка је почела да се сече, тврдећи да јој је „присуство" навело на то.

Једне ноћи, видео је човека у својој соби - получовека, полушакала - који му је рекао: *„Ти си мој. Цена је плаћена."* Обратио се служби за ослобођење. Требало је **седам месеци одрицања, поста, ритуала повраћања и замене сваке окултне везе** - пре него што је дошао мир.

Касније је открио: **Његов деда је био масон 33. степена. Само је несвесно наставио наслеђе.**

Глобални досег

- **Африка** – Тајна друштва међу племенским владарима, судијама, пасторима – заклињу се на верност крвним заклетвама у замену за моћ.
- **Европа** – Малтешки витезови, илуминистичке ложе и елитни езотерични универзитети.
- **Северна Америка** – масонске основе под већином оснивачких

докумената, судских структура, па чак и цркава.
- **Азија** – Скривени култови змајева, редови предака и политичке групе укорењене у хибридима будизма и шаманизма.
- **Латинска Америка** – Синкретички култови који мешају католичке свеце са луциферијанским духовима попут Санта Муерте или Бафомета.

Акциони план — Бегство из елитних олтара

1. **Одустаните од** било каквог учешћа у слободном зидарству, Источној звезди, језуитским заклетвама, гностичким књигама или мистичним системима - чак и „академском" проучавању истих.
2. **Уништите** регалије, прстење, игле, књиге, кецеље, фотографије и симболе.
3. **Прекршите клетве речима** — посебно заклетве смрти и иницијацијске завете. Користите Исаију 28:18 („Ваш завет са смрћу биће поништен...").
4. **Постите 3 дана** док читате Језекиља 8, Исаију 47 и Откривење 17.
5. **Замени олтар** : Поново се посвети олтару само Христовом (Римљанима 12:1–2). Причест. Обожавање. Помазање.

Не можеш бити у небеским дворовима и у дворовима Луцифера у исто време. Изабери свој олтар.

Групна пријава

- Мапирајте уобичајене елитне организације у вашем региону — и молите се директно против њиховог духовног утицаја.
- Одржите сесију где чланови могу поверљиво да признају да ли су њихове породице биле укључене у слободно зидарство или сличне култове.
- Донесите уље и причест — предводите масовно одрицање од заклетви, ритуала и печата направљених у тајности.
- Сломите понос — подсетите групу: **Ниједан приступ није**

вредан ваше душе.

Кључни увид
Тајна друштва обећавају светлост. Али само је Исус светлост света. Сваки други олтар захтева крв — али не може спасити.

Дневник рефлексије

- Да ли је неко у мојој крвној лози био укључен у тајна друштва или „редове"?
- Да ли сам читао или поседовао окултне књиге маскиране као академски текстови?
- Који симболи (пентаграми, свевидеће очи, сунца, змије, пирамиде) су скривени у мојој одећи, уметности или накиту?

Молитва одрицања

Оче, одричем се сваког тајног друштва, ложе, заклетве, ритуала или олтара који није заснован на Исусу Христу. Кршим завете својих отаца, своје крвне лозе и сопствена уста. Одбацујем слободно зидарство, кабалу, мистицизам и сваки скривени пакт склопљен ради моћи. Уништавам сваки симбол, сваки печат и сваку лаж која је обећавала светлост, али је доносила ропство. Исусе, поново Те устоличујем као свог јединог Учитеља. Засијај Својом светлошћу у свако тајно место. У Твоје име, ходам слободан. Амин.

ДАН 38: ЗАВЕТИ У МАТЕРИЦИ И ВОДЕНА ЦАРСТВА — КАДА СЕ СУДБИНА ОСКРНАВИ ПРЕ РОЂЕЊА

„*Зли су отуђени од утробе, чим се роде, лутају, говорећи лажи.*" — Псалам 58:3

„*Пре него што те обликовах у утроби, познадох те, пре него што се родиш, осветих те...*" — Јеремија 1:5

Шта ако битке које водите нису почеле вашим изборима — већ вашом концепцијом?

Шта ако би твоје име било изговорено на мрачним местима док си још био у материци?

Шта ако **је ваш идентитет замењен**, ваша **судбина продата**, а ваша **душа обележена** — пре него што сте удахнули први пут?

Ово је стварност **подводне иницијације**, **завети морских духова** и **окултних тврдњи о материци** које **повезују генерације**, посебно у регионима са дубоким предачким и приобалним ритуалима.

Водено краљевство — Сатанин престо доле

У невидљивом царству, Сатана влада **више него само ваздухом**. Он такође управља **морским светом** — огромном демонском мрежом духова, олтара и ритуала под океанима, рекама и језерима.

Морски духови (обично названи *Мами Вата*, *Краљица обале*, *духовне жене/мужеви* итд.) су одговорни за:

- Прерана смрт
- Неплодност и побачаји
- Сексуално ропство и снови
- Ментална мука
- Тегобе код новорођенчади

- Обрасци успона и падова пословања

Али како ови духови добијају **легално тло** ?
У материци.
Невидљиве иницијације пре рођења

- **Посвећење предака** – Дете „обећано" божанству ако се роди здраво.
- **Окултне свештенице** додирују материцу током трудноће.
- **Заветна имена** која је дала породица — несвесно у част морских краљица или духова.
- **Ритуали рођења** који се изводе речном водом, амајлијама или биљем из светиња.
- **Сахрана пупчане врпце** са инкантацијама.
- **Трудноћа у окултним окружењима** (нпр. масонске ложе, центри новог доба, полигамни култови).

Нека деца се рађају већ поробљена. Зато жестоко вриште при рођењу — њихов дух осећа таму.

Права прича – „Моја беба је припадала реци"

Џесика из Сијера Леонеа је покушавала да затрудни пет година. Коначно је затруднела након што јој је „пророк" дао сапун за купање и уље за трљање у материцу. Беба је рођена снажна — али са 3 месеца је почела непрестано да плаче, увек ноћу. Мрзео је воду, вриштао је током купања и неконтролисано би се тресао када би га одвели близу реке.

Једног дана, њен син се грчио и умро је 4 минута. Оживео је — и **почео је да говори пуним речима са 9 месеци** : „Не припадам овде. Припадам краљици."

Ужаснута, Џесика је тражила избављење. Дете је пуштено тек након 14 дана поста и молитава за одрицање — њен муж је морао да уништи породични идол сакривен у његовом селу пре него што мучење престане.

Бебе се не рађају празне. Рађају се у битке које морамо да водимо у њихово име.

ГЛОБАЛНЕ ПАРАЛЕЛЕ

- **Африка** – речни олтари, посвете Мами Вата, ритуали плаценте.
- **Азија** - Водени духови призивају се током будистичких или анимистичких рођења.
- **Европа** – друидски завети бабица, обреди воде предака, масонске посвете.
- **Латинска Америка** – именовање сантеријом, духови река (нпр. Ошун), рођење према астролошким картама.
- **Северна Америка** – Ритуали рађања новог доба, хипнопорођај са духовним водичима, „церемоније благослова" од стране медијума.

Знаци везивања започетог у материци

- Понављајући се обрасци побачаја кроз генерације
- Ноћни страхови код одојчади и деце
- Необјашњива неплодност упркос лекарском одобрењу
- Стални снови о води (океани, поплаве, пливање, сирене)
- Ирационалан страх од воде или утапања
- Осећај „присвајања права" - као да нешто посматра од рођења

Акциони план — Прекини завет материце

1. **Замолите Светог Духа** да вам открије да ли сте ви (или ваше дете) иницирани кроз ритуале у материци.
2. **Одустаните од** сваког завета склопљеног током трудноће - свесно или несвесно.
3. **Молите се за своју причу о рођењу** — чак и ако ваша мајка није доступна, говорите као законски духовни чувар свог живота.
4. **Постите уз Исаију 49 и Псалам 139** – да бисте повратили свој божански план.
5. **Ако сте трудни**: Помажите свој стомак и свакодневно говорите над својим нерођеним дететом:

„Ви сте одвојени за Господа. Ни дух воде, крви или таме неће вас поседовати. Ви припадате Исусу Христу — телом, душом и духом."

Групна пријава

- Замолите учеснике да запишу шта знају о својој причи о рођењу - укључујући ритуале, бабице или догађаје именовања.
- Охрабрите родитеље да поново посвете своју децу у „Служби именовања и завета усмереној на Христа".
- Водите молитве кршећи завете воде користећи *Исаију 28:18*, *Колошанима 2:14* и *Откривење 12:11*.

Кључни увид

Утроба је капија — и оно што прође кроз њу често улази са духовним пртљагом. Али ниједан олтар утробе није већи од Крста.

Дневник рефлексије

- Да ли су у моје зачеће или рођење били укључени неки предмети, уља, амајлије или имена?
- Да ли доживљавам духовне нападе који су почели у детињству?
- Да ли сам несвесно пренео морске завете својој деци?

Молитва за ослобођење

Небески Оче, познавао си ме пре него што сам био створен. Данас кршим сваки скривени завет, водени ритуал и демонско посвећење учињено при или пре мог рођења. Одбацујем сваку тврдњу о морским духовима, фамилијарним духовима или генерацијским олтарима утробе. Нека Исусова крв препише причу о мом рођењу и причу моје деце. Рођен сам од Духа - не од водених олтара. У Исусово име. Амин.

ДАН 39: КРШТЕЊЕ ВОДОМ У РОПКОВСТВО — КАКО ОДојчад, ИНИЦИЈАЛИ И НЕВИДЉИВИ ЗАВЕТИ ОТВАРАЈУ ВРАТА

„Пролили су крв невину, крв синова својих и кћери својих, које су жртвовали хананским идолима, и земља је оскрнављена њиховом крвљу." — Псалам 106:38

„Може ли се плен узети од ратника, или заробљеници избавити од свирепих?" Али ово каже Господ: „Да, заробљеници ће бити узети од ратника, и плен ће се отети од свирепих..." — Исаија 49:24–25

Многе судбине нису само биле **избачене из колосека у одраслом добу** — биле су **отете у детињству**.

Та наизглед невина церемонија именовања...

То лежерно умакање у речну воду „да се благослови дете"...

Новчић у руци... Порез испод језика... Уље од „духовне баке"... Чак и иницијали дати на рођењу...

Сви могу деловати културно. Традиционално. Безопасно.

Али царство таме **се крије у традицији** , и многа деца су **тајно иницирана** пре него што су икада могла да кажу „Исус".

Права прича – „Река ме је назвала"

На Хаитију, дечак по имену Малик одрастао је са чудним страхом од река и олуја. Као дете, бака га је одвела до потока да би га „упознала са духовима" ради заштите. Почео је да чује гласове са 7 година. Са 10 година је имао ноћне посете. Са 14 година је покушао самоубиство након што је увек осећао „присуство" поред себе.

На састанку за ослобођење, демони су се жестоко манифестовали, вриштећи: „Ушли смо у реку! Позвани смо по имену!" Његово име, „ Малик ", било је део духовне традиције именовања у „част речној краљици". Све док није преименован у Христа, мучење се настављало. Он сада служи у ослобођењу међу младима заробљеним у предачким посвећењима.

Како се то дешава — Скривене замке

1. **Иницијали као завети**
   Неки иницијали, посебно они везани за имена предака, породичне богове или водена божанства (нпр. „MM" = Мами/Маринка; „OL" = Оја/Ориша лоза), делују као демонски потписи.
2. **Купање беба у рекама/потоцима,**
   које се обавља „ради заштите" или „чишћења", често је **крштење у морске духове** .
3. **Тајне церемоније именовања**
   где се друго име (различито од јавног) шапуће или изговара пред олтаром или светилиштем.
4. **Ритуали са родним знацима**
   Уља, пепео или крв који се стављају на чело или удове да би се дете „обележило" за духове.
5. **Сахрањивање пупчане врпце водом**
   Пупчане врпце су спуштане у реке, потоке или сахрањиване уз инкантације воде - везивањем детета за водене олтаре.

Ако те родитељи нису заветовали са Христом, вероватно је да те је неко други позвао.

Глобалне окултне праксе везивања материце

- **Африка** – Давање имена бебама по речним божанствима, закопавање врпци близу морских олтара.
- **Кариби/Латинска Америка** – ритуали крштења у сантерији, посвете у јоруба стилу са биљем и речним предметима.
- **Азија** – хиндуистички ритуали који укључују воду из Ганга, астролошки израчунато именовање везано за елементалне духове.
- **Европа** – Друидске или езотеријске традиције именовања које

призивају чуваре шума/воде.
- **Северна Америка** – ритуална посвећења староседелаца, модерни благослови беба из Вике, церемоније именовања новог доба које призивају „древне водиче".

Како да знам?

- Необјашњиве муке у раном детињству, болести или „замишљени пријатељи"
- Снови о рекама, сиренама, јурењу водом
- Аверзија према црквама, али фасцинација мистичним стварима
- Дубок осећај „праћења" или посматрања од рођења
- Откривање другог имена или непознате церемоније везане за ваше детињство

Акциони план – Искупите детињство

1. **Питајте Светог Духа**: Шта се десило када сам се родио? Које су ме духовне руке дотакле?
2. **Одреците се свих скривених посвећености**, чак и ако су учињене у незнању: „Одбацујем сваки завет склопљен у моје име који није био са Господом Исусом Христом."
3. **Прекините везе са именима предака, иницијалима и симболима**.
4. **Користите Исаију 49:24–26, Колошанима 2:14 и 2. Коринћанима 5:17** да бисте изјавили идентитет у Христу.
5. Ако је потребно, **одржите церемонију поновног посвећења** — поново представите себе (или своју децу) Богу и прогласите нова имена ако вас то поведе.

ГРУПНА ПРИЈАВА

- Позовите учеснике да истраже причу о својим именима.

- Створите простор за духовно преименовање ако је то вођено духом — дозволите људима да преузму имена попут „Давид", „Јестира" или идентитете вођене духом.
- Водите групу у симболичном *поновном крштењу* посвећености — не потапању у воду, већ помазању и завету са Христом заснованом на речима.
- Нека родитељи прекрше завете над својом децом у молитви: „Ви припадате Исусу — ниједан дух, река или веза предака немају законско основање."

Кључни увид

Твој почетак је важан. Али не мора да дефинише твој крај. Свака речна претензија може бити прекинута реком Исусове крви.

Дневник рефлексије

- Која имена или иницијали су ми дати и шта значе?
- Да ли су на мом рођењу обављени тајни или културни ритуали којих се требам одрећи?
- Да ли сам заиста посветио свој живот — своје тело, душу, име и идентитет — Господу Исусу Христу?

Молитва за искупљење

Оче Боже, долазим пред Тебе у име Исусово. Одричем се сваког завета, посвећења и ритуала извршеног при мом рођењу. Одбацујем свако именовање, иницијацију водом и право предака. Било кроз иницијале, именовање или скривене олтаре - отказујем свако демонско право на свој живот. Сада изјављујем да сам потпуно Твој. Моје име је записано у Књизи живота. Моја прошлост је покривена Исусовом крвљу, а мој идентитет је запечаћен Светим Духом. Амин.

ДАН 40: ОД ИСПОРОЂЕНОГ ДО ИСПОРОЂИОЦА — ВАШ БОЛ ЈЕ ВАШЕ ОДРЕЂЕЊЕ

„Али народ који познаје свог Бога биће јак и чиниће подвиге." — Данило 11:32

„Тада Господ подиже судије, које их спасаваху из руку тих разбојника." — Судије 2:16

Ниси био спасен да мирно седиш у цркви.

Ниси био ослобођен само да преживиш. Био си спасен **да спасеш друге**.

Исти Исус који је исцелио опседнутог у Марку 5, послао га је назад у Декапољ да исприча причу. Без богословије. Без рукоположења. Само **горуће сведочанство** и уста запаљена ватром.

Ти си тај човек. Та жена. Та породица. Та нација.

Бол који си претрпео сада је твоје оружје.

Мука којој си побегао је твоја труба. Оно што те је држало у тами сада постаје **позорница твоје владавине**.

Права прича – од морске невесте до свештеника за ослобођење

Ребека, из Камеруна, била је бивша невеста морског духа. Иницирана је са 8 година током церемоније именовања на обали. Са 16 година је имала секс у сновима, контролисала мушкарце погледом и изазвала је вишеструке разводе кроз врачање. Била је позната као „лепа клетва".

Када се сусрела са јеванђељем на универзитету, њени демони су полудели. Требало јој је шест месеци поста, ослобођења и дубоког учеништва пре него што је постала слободна.

Данас, она држи конференције о ослобођењу за жене широм Африке. Хиљаде њих је ослобођено захваљујући њеној послушности.

Шта би било да је ћутала?

Апостолски успон — Рађају се глобални избавитељи

- **У Африци**, бивши врачари сада оснивају цркве.
- **У Азији**, бивши будисти проповедају Христа у тајним кућама.
- **У Латинској Америци**, бивши свештеници сантерије сада ломе олтаре.
- **У Европи**, бивши окултисти воде онлајн експозиционе библијске студије.
- **У Северној Америци**, преживели обмана новог доба воде недељне Зум конференције за ослобођење.

Они су **неочекивани**, сломљени, бивши робови таме који сада марширају у светлости — а **ти си један од њих**.

Коначни акциони план – Приступите свом позиву

1. **Напишите своје сведочанство** — чак и ако сматрате да није драматично. Некоме је потребна ваша прича о слободи.
2. **Почните мало** — Молите се за пријатеља. Организујте библијски студиј. Поделите свој процес ослобођења.
3. **Никада не престајте да учите** — Избавитељи остају у Речи, остају покајани и остају оштрог духа.
4. **Покријте своју породицу** — Свакодневно изјашњавајте да тама престаје са вама и вашом децом.
5. **Прогласите духовне ратне зоне** — своје радно место, свој дом, своју улицу. Будите чувар капије.

Групно пуштање у рад
Данас није само побожност — то је **церемонија пуштања у рад**.

- Помажите једни другима главе уљем и реците:

„Избављен си да избавиш. Устани, Судијо Божји."

- Изјавите наглас као група:

„Више нисмо преживели. Ми смо ратници. Носимо светлост, а тама дрхти."

- Одредите молитвене парове или партнере за одговорност како бисте наставили да растете у смелости и утицају.

Кључни увид
Највећа освета против царства таме није само слобода.
То је умножавање.

Завршни дневник рефлексије

- Који је био тренутак када сам знао да сам прешао из таме у светлост?
- Ко треба да чује моју причу?
- Где могу почети намерно да сијам светлом ове недеље?
- Да ли сам спреман да будем исмеван, погрешно схваћен и да ми се пружа отпор — зарад ослобађања других?

Молитва за пуштање у рад
Оче Боже, хвала Ти за 40 дана ватре, слободе и истине. Ниси ме спасао само да би ме склонио — избавио си ме да избавиш друге. Данас примам овај плашт. Моје сведочанство је мач. Моји ожиљци су оружје. Моје молитве су чекићи. Моја послушност је обожавање. Сада ходам у име Исусово — као потпаљивач ватре, избавитељ, носилац светлости. Ја сам Твој. Тама нема места у мени, нити места око мене. Заузимам своје место. У Исусово име. Амин.

360° ДНЕВНА ОБЈАВА ОСЛОБОЂЕЊА И ВЛАСТИ – 1. део

„Ниједно оружје сковано против тебе неће успети, и сваки језик који се дигне на тебе на суду осудићеш. То је наслеђе слугу Господњих..."
— Исаија 54:17

Данас и сваког дана, заузимам свој пуни положај у Христу — духом, душом и телом.

Затварам сваку врата — позната и непозната — царству таме.

Прекидам сваки контакт, уговор, завет или заједницу са злим олтарима, духовима предака, духовним супружницима, окултним друштвима, врачањем и демонским савезима — крвљу Исусовом!

Изјављујем да нисам на продају. Нисам доступан/на. Нисам регрутован/на. Нисам поново ангажован/а.

Сваки сатанински позив, духовни надзор или зли позив — нека буде расејан ватром, у име Исусово!

Вежем се за Христов ум, вољу Оца и глас Светог Духа.

Ходам у светлости, у истини, у сили, у чистоти и у сврси.

Затворио сам свако треће око, психичку капију и несвети портал отворен кроз снове, трауму, секс, ритуале, медије или лажна учења.

Нека Божја ватра прогута сваки илегални депозит у мојој души, у Исусово име.

Говорим ваздуху, земљи, мору, звездама и небесима — нећете радити против мене.

Сваки скривени олтар, агент, посматрач или шаптајући демон додељен против мог живота, породице, позива или територије — нека буде разоружан и ућуткан крвљу Исусовом!

Упијам свој ум у Реч Божју.

Изјављујем да су моји снови освећени. Моје мисли су заштићене. Мој сан је свет. Моје тело је храм ватре.

Од овог тренутка па надаље, ходам у ослобођењу од 360 степени - ништа скривено, ништа пропуштено.

Свако преостало ропство се ломи. Сваки генерацијски јарам се распада. Сваки непокајани грех је разоткривен и очишћен.

Изјављујем:

- **Тама нема власт нада мном.**
- **Мој дом је зона пожара.**
- **Моја врата су запечаћена славом.**
- **Живим у послушности и ходам у моћи.**

Устајем као избавитељ својој генерацији.

Нећу се осврнути. Нећу се вратити. Ја сам светлост. Ја сам ватра. Ја сам слободан. У Исусово моћно име. Амин!

360° ДНЕВНА ОБЈАВА ОСЛОБОЂЕЊА И ВЛАСТИ – 2. део

Заштита од врачања, врачања, некроманта, медијума и демонских канала

Ослобођење за себе и друге под њиховим утицајем или ропством

Очишћење и покривање кроз крв Исусову

Обнова здравља, идентитета и слободе у Христу

Заштита и слобода од врачања, медијума, некроманта и духовног ропства

(кроз крв Исусову и реч нашег сведочанства)

„И победише га крвљу Јагњетовом и речју сведочанства свога..."
— *Откривење 12:11*

„Господ... осујећује знаке лажних пророка и чини лудима врачаре... потврђује реч слуге свога и испуњава савет гласника својих."
— *Исаија 44:25–26*

„Дух Господњи је на мени... да објавим слободу заробљенима и отпуст онима који су у сужањима..."
— *Лука 4:18*

УВОДНА МОЛИТВА:

Оче Боже, данас долазим смело крвљу Исусовом. Признајем моћ у Твоме имену и изјављујем да си Ти једини мој избавитељ и бранитељ. Стојим као Твој слуга и сведок и данас објављујем Твоју Реч са смелошћу и ауторитетом.

ДЕКЛАРАЦИЈЕ О ЗАШТИТИ И ОСЛОБОЂЕЊУ

1. Ослобођење од врачања, медијума, некромансера и духовног утицаја:

- Прекидам **и одричем се** сваке клетве, чини, прорицања, чаролије, манипулације, праћења, астралне пројекције или везе душе - изговорене или изведене - кроз врачање, некромантију, медијуме или духовне канале.
- Изјављујем да је **крв Исусова против сваког нечистог духа који покушава да ме** веже, одвуче пажњу, превари или манипулише мноме или мојом породицом.
- Наређујем да се **свако духовно мешање, опседање, угњетавање или ропство душе** сада прекине ауторитетом у име Исуса Христа.
- Говорим **о ослобођењу за себе и за сваку особу која је свесно или несвесно под утицајем врачања или лажне светлости** . Изађите сада! Будите слободни, у Исусово име!
- Призивам Божју ватру да **спали сваки духовни јарам, сатански уговор и олтар** подигнут у духу да пороби или зароби наше судбине.

„Нема врачања против Јакова, нема прорицања против Израиља."
— *Бројеви 23:23*

2. Чишћење и заштита себе, деце и породице:

- Молим се за Исусову крв над својим **умом, душом, духом, телом, емоцијама, породицом, децом и послом.**
- Изјављујем: Ја и мој дом **запечаћени смо Светим Духом и сакривени са Христом у Богу.**
- Ниједно оружје сковано против нас неће успети. Сваки језик који говори зло против нас биће **осуђен и ућуткан** у Исусово име.
- Одричем се и избацујем сваки **дух страха, муке, збуњености, заводљивости или контроле** .

„Ја сам Господ, који уништавам знаке лажљиваца..." — *Исаија 44:25*

3. Обнављање идентитета, сврхе и здравог разума:

- Повраћам сваки део своје душе и идентитета који је био **тргован, заробљен или украден** кроз обману или духовни компромис.
- Изјављујем: Имам **Христов ум** и ходам у јасноћи, мудрости и ауторитету.
- Изјављујем: **Ослобођен сам сваког генерацијског проклетства и кућног врачања** и ходам у завету са Господом.

„Бог ми није дао духа страха, него снаге, љубави и разборитости." — *2. Тимотеју 1:7*

4. Свакодневно покривање и победа у Христу:

- Изјављујем: Данас ходам у божанској **заштити, разборитости и миру**.
- Исусова крв говори о **бољим стварима** за мене – заштити, исцељењу, ауторитету и слободи.
- Сваки зли задатак постављен за овај дан је оборен. Ходам у победи и тријумфујем у Христу Исусу.

„Хиљаду њих може пасти поред мене и десет хиљада с десне стране моје, али ми се неће приближити..." — *Псалам 91:7*

ЗАВРШНА ИЗЈАВА И СВЕДОЧЕЊЕ:

„Побеђујем сваки облик таме, врачања, некромантије, врачања, психичке манипулације, манипулације душом и злог духовног преноса — не својом снагом, већ **крвљу Исусовом и Речју свог сведочанства**."

„Изјављујем: **Избављен сам. Моје домаћинство је избављено**. Сваки скривени јарам је сломљен. Свака замка је разоткривена. Свако лажно светло је угашено. Ходам у слободи. Ходам у истини. Ходам у сили Светог Духа."

„Господ потврђује реч слуге свога и извршава савет гласника свога. Тако ће бити данас и сваког дана од сада."

У Исусово моћно име, **амин**.

РЕФЕРЕНЦЕ ИЗ СВЕТОГ ПИСМА:

- Исаија 44:24–26
- Откривење 12:11

- Исаија 54:17
- Псалам 91
- Бројеви 23:23
- Лука 4:18
- Ефесцима 6:10–18
- Колошанима 3:3
- 2. Тимотеју 1:7

360° ДНЕВНА ОБЈАВА ОСЛОБОЂЕЊА И ВЛАСТИ - 3. део

„Господ је ратник, Господ му је име." — Излазак 15:3
„Победили су га крвљу Јагњета и речју сведочанства свога..." — Откривење 12:11

Данас устајем и заузимам своје место у Христу — седим на небеским местима, далеко изнад свих поглаварстава, сила, престола, господства и сваког имена које се назива.

ОДРИЧЕМ СЕ

Одричем се сваког познатог и непознатог завета, заклетве или иницијације:

- Слободно зидарство (од 1. до 33. степена)
- Кабала и јеврејски мистицизам
- Источна звезда и розенкројцери
- Језуитски редови и илуминати
- Сатанска братства и луциферијанске секте
- Морски духови и подводни завети
- Кундалини змије, поравнања чакри и активације трећег ока
- Обмана Њу Ејџа, Реики, хришћанска јога и астрално путовање
- Вештичарење, врачање, некромантија и астрални уговори
- Окултне везе душа из секса, ритуала и тајних пактова
- Масонске заклетве над мојом крвном лозом и предачким свештенством

Прекидам сваку духовну пупчану врпцу да бих:

- Древни крвни олтари
- Лажна пророчка ватра

- Духовни супружници и освајачи снова
- Света геометрија, светлосни кодови и доктрине универзалног закона
- Лажни христи , заводници духова и лажни свети духови

Нека крв Исусова говори у моје име. Нека сваки уговор буде раскинут. Нека сваки олтар буде разбијен. Нека сваки демонски идентитет буде избрисан — сада!

ИЗЈАВЉУЈЕМ

Изјављујем:

- Моје тело је живи храм Светога Духа.
- Мој ум је заштићен шлемом спасења.
- Моја душа се свакодневно освећује прањем Речи.
- Моја крв је очишћена Голготом.
- Моји снови су запечаћени у светлости.
- Моје име је записано у Јагњетовој књизи живота — не у било каквом окултном регистру, ложи, дневнику, свитку или печату!

ЈА ЗАПОВЕДАМ

Наређујем:

- Сваки агент таме — посматрачи, монитори, астрални пројектори — бити заслепљен и расејан.
- Свака веза са подземним светом, морским светом и астралним планом — нека буде прекинута!
- Сваки тамни белег, имплантат, ритуална рана или духовни жиг — нека буде очишћен ватром!
- Сваки познати дух који шапуће лажи — ућуткајте сада!

ИСКЉУЧУЈЕМ СЕ

Одвајам се од:

- Све демонске временске линије, затвори за душе и кавези за духове

- Сви рангови и степени тајних друштава
- Све лажне мантије, престоли или круне које сам носио
- Сваки идентитет који није створио Бог
- Сваки савез, пријатељство или веза оснажена мрачним системима

Успостављам
Утврђујем:

- Заштитни зид славе око мене и мог домаћинства
- Свети анђели на свакој капији, порталу, прозору и стази
- Чистоћа у мојим медијима, музици, сећањима и уму
- Истина у мојим пријатељствима, служби, браку и мисији
- Непрекинута заједница са Светим Духом

ПОДНОСИМ

Потпуно се предајем Исусу Христу —
Јагњету које је заклано, Краљу који влада, Лаву који риче.
Бирам светлост. Бирам истину. Бирам послушност.
Ја не припадам мрачним царствима овога света.
Ја припадам Царству нашег Бога и Његовог Христа.

УПОЗОРЕЊУЈЕМ НЕРАПРИЈАТЕЉА

Овом изјавом обавештавам:

- Свака високорангирана кнежевина
- Сваки владајући дух над градовима, крвним лозама и народима
- Сваки астрални путник, вештица, чаробњак или пала звезда...

Ја сам недодирљива својина.
Моје име се не налази у твојим архивама. Моја душа није на продају. Моји снови су под командом. Моје тело није твој храм. Моја будућност није твоје игралиште. Нећу се вратити у ропство. Нећу понављати циклусе предака. Нећу носити чудну ватру. Нећу бити одмориште за змије.

ПЕЧАТ

Ову изјаву запечатујем са:

- Исусова крв
- Огањ Светог Духа
- Ауторитет Речи
- Јединство Тела Христовог
- Звук мог сведочења

У име Исусово, амин и амин

ЗАКЉУЧАК: ОД ОПСТАНКА ДО СИНОВСТВА — ОСТАТИ СЛОБОДАН, ЖИВЕТИ СЛОБОДНО, ОСЛОБАЂАТИ ДРУГЕ

„*Стојте, дакле, чврсто у слободи којом нас је Христос ослободио и не дајте се поново упетљати у јарам ропства.*" — Галаћанима 5:1

„*Изведе их из таме и сенке смрти и раскину њихове ланце.*" — Псалам 107:14

Ових 40 дана никада нису били само о знању. Били су о **ратовању**, **буђењу** и **ходању у владавини**.

Видели сте како мрачно краљевство функционише — суптилно, генерацијски, понекад и отворено. Путовали сте кроз врата предака, царства снова, окултне пактове, глобалне ритуале и духовну муку. Сусрели сте се са сведочанствима незамисливог бола — али и **радикалног ослобођења**. Срушили сте олтаре, одрекли се лажи и суочили се са стварима којих се многе проповедаонице плаше да именују.

АЛИ ОВО НИЈЕ КРАЈ.

Сада почиње право путовање: **Очување ваше слободе. Живот у Духу. Учење других излазу.**

Лако је проћи кроз 40 дана ватре и вратити се у Египат. Лако је срушити олтаре само да би их поново изградили у усамљености, похоти или духовном умору.

Немој.

Више ниси **роб циклуса**. Ти си **стражар** на зиду. Чувар **капије** за своју породицу. **Ратник** за свој град. **Глас** народима.

7 ЗАВРШНИХ ОПТУЖБИ ЗА ОНЕ КОЈИ ЋЕ ХОДИТИ У ВЛАСТВУ

1. **Чувајте своја врата.**
   Не отварајте поново духовна врата кроз компромис, побуну, везе или радозналост.
   „*Не дајте места ђаволу.*" — Ефесцима 4:27
2. **Дисциплинујте свој апетит.**
   Пост би требало да буде део вашег месечног ритма. Он усклађује душу и држи ваше тело у покорности.
3. **Посветите се чистоти**
   емоционалној, сексуалној, вербалној, визуелној. Нечистоћа је капија број један коју демони користе да би се поново увукли.
4. **Савладајте Реч**
   Свето писмо није опционо. То је ваш мач, штит и хлеб свакодневни. „*Реч Христова нека богато пребива у вама...*" (Кол. 3:16)
5. **Пронађи своје племе.**
   Ослобођење никада није било намењено да се хода самостално. Гради, служи и лечи у заједници испуњеној Духом.
6. **Пригрлите патњу**
   Да — патњу. Нису све муке демонске. Неке су освећујуће. Прођите кроз њих. Слава је пред вама.
   „*Након што мало пострадате... Он ће вас ојачати, учврстити и утврдити.*" — 1. Петрова 5:10
7. **Учите друге.**
   Бесплатно сте примили — сада бесплатно дајте. Помозите другима да се ослободе. Почните од свог дома, свог круга, своје цркве.

ОД ИЗРУЧЕНОГ ДО УЧЕНИКА

Ова молитва је глобални вапај — не само за исцељење већ за војску која се диже.

је **за пастире** који могу да намиришу рат. Време

је **за пророке** који се не устручавају пред змијама. Време

је **за мајке и очеве** који крше генерацијске пактове и граде олтаре истине. Време

је **да се народи** упозоре и да Црква више не ћути.

ТИ СИ РАЗЛИКА

Важно је куда идеш одавде. Важно је шта носиш са собом. Тама из које си извучен је управо територија над којом сада имаш власт.

Ослобођење је било твоје право по рођењу. Власт је твој плашт.

Сада ходајте у њему.

ЗАВРШНА МОЛИТВА

Господе Исусе, хвала Ти што ходаш са мном ових 40 дана. Хвала Ти што разоткриваш таму, ломиш ланце и позиваш ме на више место. Одбијам да се вратим. Кршим сваки споразум страхом, сумњом и неуспехом. Свој задатак краљевства примам са смелошћу. Користи ме да ослободиш друге. Испуњавај ме Светим Духом свакодневно. Нека мој живот постане оружје светлости - у мојој породици, у мојој нацији, у Телу Христовом. Нећу ћутати. Нећу бити поражен. Нећу одустати. Ходам из таме у власт. Заувек. У Исусово име. Амин.

Како се поново родити и започети нови живот са Христом

Можда си већ ходао са Исусом, или си га можда тек упознао током ових 40 дана. Али управо сада, нешто у теби се буди.

Спремни сте за више од религије.

Спремни сте за **везу**.

Спремни сте да кажете: „Исусе, потребан си ми."

Ево истине:

„Јер сви сагрешe; сви смо лишени славе Божје... али Бог, у својој благодати, дарова нам да нас оправда пред собом."
— Римљанима 3:23–24 (NLT)

Не можеш заслужити спасење.

Не можеш се поправити. Али Исус је већ платио пуну цену — и чека да те дочека кући.

Како се поново родити

БИТИ ПОНОВО РОЂЕН ЗНАЧИ предати свој живот Исусу - прихватити Његов опроштај, веровати да је умро и васкрсао и примити Га као свог Господа и Спаситеља.

Једноставно је. Моћно је. Мења све.

Молите се нагласс:

„ГОСПОДЕ ИСУСЕ, ВЕРУЈЕМ да си Ти Син Божји.

Верујем да си умро за моје грехе и васкрсао.

Признајем да сам сагрешио и да ми је потребан Твој опроштај.

Данас се кајем и окрећем од својих старих путева.

Позивам Те у свој живот да будеш мој Господ и Спаситељ.

Опери ме. Испуни ме Својим Духом.

Изјављујем да сам поново рођен, опроштено ми је и слободан.
Од овог дана па надаље, следићу Те —
и живећу Твојим стопама.
Хвала Ти што си ме спасао. У Исусово име, амин."

Следећи кораци након спасења

1. **Реците некоме** – Поделите своју одлуку са особом којој верујете.
2. **Пронађите цркву засновану на Библији** – Придружите се заједници која проповеда Божју реч и живи по њој. Посетите онлајн службе „God's Eagle" путем https://www.otakada.org [1] или https://chat.whatsapp.com/H67spSun32DDTma8TLh0ov
3. **Крстите се** – Направите следећи корак да јавно изјавите своју веру.
4. **Читајте Библију свакодневно** – почните са Јеванђељем по Јовану.
5. **Молите се сваки дан** – Разговарајте са Богом као пријатељ и Оцем.
6. **Останите повезани** – Окружите се људима који подстичу ваш нови начин ходања.
7. **Започните процес ученииштва унутар заједнице** – Развијте однос један на један са Исусом Христом путем ових линкова

40-дневно учениитво 1 - https://www.otakada.org/get-free-40-days-online-discipleship-course-in-a-journey-with-jesus/

40 Ученички пут 2 - https://www.otakada.org/get-free-40-days-dna-of-discipleship-journey-with-jesus-series-2/

---

1. https://www.otakada.org

Мој тренутак спасења

Датум : _____
Потпис : _____

„*Ако је ко у Христу, ново је створење; старо је прошло, ново је постало!*"
— 2. Коринћанима 5:17

Потврда о новом животу у Христу

Декларација спасења – Поново рођен благодаћу

Ово потврђује да

_____

(ПУНО ИМЕ)

јавно је изјавио **веру у Исуса Христа**

као Господа и Спаситеља и примио бесплатни дар спасења кроз Његову смрт и васкрсење.

„Ако јавно исповедам да је Исус Господ и верујеш у свом срцу да га је Бог васкрсао из мртвих, бићеш спасен."

— Римљанима 10:9 (NLT)

На овај дан, небо се радује и почиње ново путовање.

Датум одлуке : _____

Потпис : _____

Декларација о спасењу

„ДАНАС ПРЕДАЈЕМ СВОЈ живот Исусу Христу.

Верујем да је умро за моје грехе и васкрсао. Примам Га као свог Господа и Спаситеља. Опроштено ми је, поново сам рођен и обновљен. Од овог тренутка па надаље, ходаћу Његовим стопама."

Добродошли у Божју породицу!

ТВОЈЕ ИМЕ ЈЕ ЗАПИСАНО у Јагњетовој књизи живота.

Твоја прича тек почиње — и вечна је.

ПОВЕЖИТЕ СЕ СА БОЖЈИМ СЛУЖБЕНИМА ОРЛА

- Веб-сајт: www.otakada.org[1]
- Серија „Богатство изван бриге": www.wealthbeyondworryseries.com[2]
- Имејл: ambassador@otakada.org

- **Подржите овај рад:**

Подржавајте пројекте краљевства, мисије и бесплатне глобалне ресурсе кроз давање вођено заветом.
Скенирајте QR код да бисте донирали
https://tithe.ly/give?c=308311
Ваша великодушност нам помаже да допремо до више душа, преводимо ресурсе, подржавамо мисионаре и градимо системе учеништва широм света. Хвала вам!

---

1. https://www.otakada.org
2. https://www.wealthbeyondworryseries.com

3. ПРИДРУЖИТЕ СЕ НАШОЈ WhatsApp заједници за завет

Примајте новости, садржај из света побожности и повезујте се са верницима широм света који су усмерени ка завету.

Скенирајте да бисте се придружили
https://chat.whatsapp.com/H67spSun32DDTma8TLh0ov

ПРЕПОРУЧЕНЕ КЊИГЕ И РЕСУРСИ

- *Ослобођен из моћи таме* (меки повез) — Купи овде [1] | Е-књига [2] на Амазону[3]

- **Најбоље рецензије из Сједињених Држава:**
    - **Корисник Киндла** : „Најбоље хришћанско штиво икада!" (5 звездица)

---

1. https://shop.ingramspark.com/b/084?params=oeYbAkVTC5ao8PfdVdzwko7wi6IQimgJY2779NaqG4e
2. https://www.amazon.com/Delivered-Power-Darkness-AFRICAN-DELIVERED-ebook/dp/B0CC5MM4MV
3. https://www.amazon.com/Delivered-Power-Darkness-AFRICAN-DELIVERED-ebook/dp/B0CC5MM4MV

ХВАЛА ИСУСУ ЗА ОВО сведочанство. Био сам толико благословен и препоручио бих свима да прочитају ову књигу... Јер плата за грех је смрт, а дар Божји је живот вечни. Шалом! Шалом!

- *Да Гстер* : „Ово је веома занимљива и прилично чудна књига." (5 звездица)

Ако је оно што је речено у књизи истина, онда заиста знатно заостајемо у погледу онога што је непријатељ способан да уради! ... Обавезно за свакога ко жели да учи о духовном ратовању.

- *Виза* : „Обожавам ову књигу" (5 звездица)

Ово ми је отварало очи... право признање... У последње време сам га свуда тражила да га купим. Тако сам срећна што сам га добила са Амазона.

- *FrankJM* : „Сасвим другачије" (4 звездице)

Ова књига ме подсећа колико је духовна борба права. Такође ме подсећа на разлог за облачење „пуног Божјег оклопа".

- *ЏенЏен* : „Сви који желе да оду у рај - прочитајте ово!" (5 звездица)

Ова књига ми је толико променила живот. Заједно са сведочењем Џона Рамиреза, натераће вас да другачије погледате на своју веру. Прочитао сам је 6 пута!

- *Бивши сатаниста: Џејмсова размена* (меки повез) — Купи овде [4] | Е-књига [5] на Амазону [6]

---

4. https://shop.ingramspark.com/b/
084?params=I2HNGtbqJRbal8OxU3RMTApQsLLxcUCTC8zUdzDy0W1

5. https://www.amazon.com/JAMESES-Exchange-Testimony-High-Ranking-Encounters-ebook/dp/
B0DJP14JLH

6. https://www.amazon.com/JAMESES-Exchange-Testimony-High-Ranking-Encounters-ebook/dp/
B0DJP14JLH

- **СВЕДОЧЕНСТВО БИВШЕГ АФРИЧКОГ САТАНИСТЕ** - *Пастор ЈОНАС ЛУКУНТУ МПАЛА* (Меки повез) — Купите овде [7]| Е-књига [8]на Амазону[9]

- *Велики подвизи 14* (меки повез) — Купи овде [10]| Е-књига [11]на Амазону[12]

---

7. https://shop.ingramspark.com/b/084?params=0Aj9Sze4cYoLM5OqWrD20kgknXQQqO5AZYXcWtoMqWN

8. https://www.amazon.com/TESTIMONY-African-EX-SATANIST-Pastor-Jonas-ebook/dp/B0DJDLFKNR

9. https://www.amazon.com/TESTIMONY-African-EX-SATANIST-Pastor-Jonas-ebook/dp/B0DJDLFKNR

10. https://shop.ingramspark.com/b/084?params=772LXinQn9nCWcgq572PDsqPjkTJmpgSqrp88b0qzKb

11. https://www.amazon.com/Greater-Exploits-MYSTERIOUS-Strategies-Countermeasures-ebook/dp/B0CGHYPZ8V

12. https://www.amazon.com/Greater-Exploits-MYSTERIOUS-Strategies-Countermeasures-ebook/dp/B0CGHYPZ8V

- *Из ђавољег котла,* аутор Џон Рамирез — Доступно на Амазону[13]
- *Дошао је да ослободи заробљенике,* ауторка Ребека Браун — Пронађите на Амазону[14]

Остале књиге које је објавио аутор – Преко 500 наслова
Вољени, изабрани и цели : 30-дневно путовање од одбацивања до **обнове** , преведено на 40 светских језика
хттпс://ввв.амазон.цом/Ловед-Цхосен-Вхоле-Рејецтион-Ресторатион-ебоок/дп/Б0Ф9ВСД8ВЛ[15]
хттпс://схоп.инграмспарк.цом/б/
084?парамс=xga0WR16muFUwCoeMUBHQ6HwYjddLGpugQHb3DVa5hE[16]

---

13. https://www.amazon.com/Out-Devils-Cauldron-John-Ramirez/dp/0985604306

14. https://www.amazon.com/He-Came-Set-Captives-Free/dp/0883683239

15. https://www.amazon.com/Loved-Chosen-Whole-Rejection-Restoration-ebook/dp/B0F9VSD8WL

16. https://shop.ingramspark.com/b/084?params=xga0WR16muFUwCoeMUBHQ6HwYjddLGpugQHb3DVa5hE

Његовим корацима — 40-дневни WWJD изазов:
Живети као Исус у стварним причама широм света

хттпс://ввв.амазон.цом/Хис-Степс-Цхалленге-Реал-Лифе-Сторис-ебоок/дп/Б0ФЦYТЛ5МГ[17]

хттпс://схоп.инграмспарк.цом/б/084?парамс=ДyНТВС59И6квСКтГФ6ЦбЕФдв3З г0ФаИТУЕвлК49иЛзБ[18]

---

17. https://www.amazon.com/His-Steps-Challenge-Real-Life-Stories-ebook/dp/B0FCYTL5MG

18. https://shop.ingramspark.com/b/084?params=DuNTWS59IbkvSKtGFbCbEFdv3Zg0FaITUEvlK49yLzB

ИСУС НА ВРАТИМА:
40 срцепарајућих прича и последње упозорење неба данашњим црквама

хттпс://ввв.амазон.цом/дп/Б0ФДХ31Л9Ф
хттпс://схоп.инграмспарк.цом/б/
084?парамс=ТпдА5ј8ВПвв83гдЈ12Н1Б3нф8ЛКте2а1лИЕи326ХцГг[19]

---

[19]. https://shop.ingramspark.com/b/084?params=TpdA5j8WPvw83glJ12N1B3nf8LQte2a1lIEy32bHcGg

ЗАВЕТНИ ЖИВОТ: 40 ДАНА ходања у благослову Поновљеног закона 28

- хттпс://ввв.амазон.цом/дп/Б0ФФЈЦЛДБ5[20]

Приче од правих људи, праве послушности и правог
хттпс://схоп.инграмспарк.цом/б/
084?парамс=бХ3пзфз1здЦОЛпбс7тЗИЈНИгГцИфУ32ВМз3Ј3а4е2Кт[21]

Трансформација на преко 20 језика

---

20. https://www.amazon.com/dp/B0FFJCLDB5

21. https://shop.ingramspark.com/b/
 084?params=bH3pzfz1zdCOLpbs7tZYJNYgGcYfU32VMz3J3a4e2Qt

ПОЗНАВАЊЕ ЊЕ И ПОЗНАВАЊЕ ЊЕГА:
40 дана до исцељења, разумевања и трајне љубави

ХТТПС://ВВВ.АМАЗОН.цом/
КНОВИНГ-ХЕР-ХИМ-Хеалинг-Ундерстандинг-ебоок/дп/
Б0ФГЦ4В3Д9[22]
   хттпс://схоп.инграмспарк.цом/б/
084?парамс=вЦ6КЦЛоИ7Ннум24БВмБтСме9и6к59п3ојнаЗОИ4Б9Рд[23]

---

22. https://www.amazon.com/KNOWING-HER-HIM-Healing-Understanding-ebook/dp/ B0FGC4V3D9

23.   https://shop.ingramspark.com/b/ 084?params=vC6KCLoI7Nnum24BVmBtSme9i6k59p3oynaZOY4B9Rd

ЗАВРШЕНО, НЕ ТАКМИЧЕЊЕ:
Четрдесетодневно путовање ка сврси, јединству и сарадњи

ХТТПС://СХОП.ИНГРАМСПАРК.цом/б/084?парамс=5Е4в1тХгеТкООуЕтфТИУзЗДзЛиКСЛее30цкЈо0Ов9941[24]
 хттпс://ввв.амазон.цом/
ЦОМПЛЕТЕ-НОТ-ЦОМПЕТЕ-Јорнеи-Цоллаборатион-ебоок/дп/Б0ФГГЛ1КССQ/[25]

---

24. https://shop.ingramspark.com/b/084?params=5E4v1tHgeTqOOuEtfTYUzZDzLyXLee30cqYo0Ov9941

БОЖАНСКИ ЗДРАВСТВЕНИ КОД - 40 дневних кључева за активирање исцељења кроз Божју реч и стварање Откључајте исцелитељску моћ биљака, молитве и пророчанског деловања

хттпс://схоп.инграмспарк.цом/б/084?парамс=хкЗМрЫцЕХнрЈДхе1вуХХИикс3ДВииАрЦеЈ6П6НМТбТукс[26]

хттпс://ввв.амазон.цом/дп/Б0ФХЈТ42ТК[27]

---

25. https://www.amazon.com/COMPLETE-NOT-COMPETE-Journey-Collaboration-ebook/dp/B0FGGL1XSQ/

26. https://shop.ingramspark.com/b/084?params=xkZMrYcEHnrJDhe1wuHHYixZDViiArCeJ6PbNMTbTux

ОСТАЛЕ КЊИГЕ МОЖЕТЕ пронаћи на страници аутора
https://www.amazon.com/stores/Ambassador-Monday-O.-Ogbe/author/B07MSBPFNX

---

27. https://www.amazon.com/dp/B0FHJT42TK

ДОДАТАК (1-6): РЕСУРСИ ЗА ОДРЖАВАЊЕ СЛОБОДЕ И ДУБЉЕГ ОСЛОБОЂЕЊА

ДОДАТАК 1: Молитва за препознавање скривеног врачања, окултних пракси или чудних олтара у цркви

„Сине човечји, видиш ли шта раде у тами...?" — Језекиљ 8:12
„И не учествујте у бесплодним делима таме, него их разоткривајте." — Ефесцима 5:11

Молитва за расуђивање и разоткривање:

Господе Исусе, отвори ми очи да видим оно што Ти видиш. Нека се разоткрије свака чудна ватра, сваки тајни олтар, свака окултна операција скривена иза проповедаоница, клупа или пракси. Скини велове. Откриј идолопоклонство маскирано као обожавање, манипулацију маскирану као пророчанство и перверзију маскирану као милост. Очисти моју локалну скупштину. Ако сам део компромитоване заједнице, води ме у сигурност. Подигни чисте олтаре. Очисти руке. Света срца. У Исусово име. Амин.

ДОДАТАК 2: Протокол о одрицању од медија и чишћењу

„*Нећу ставити ништа безбожно пред очи своје...*" — Псалам 101:3

Кораци за чишћење вашег медијског живота:

1. **Ревидирајте** све: филмове, музику, игре, књиге, платформе.
2. **Питајте:** Да ли ово слави Бога? Да ли отвара врата тами (нпр. хорору, похоти, врачању, насиљу или темама новог доба)?
3. **Одрећи се** :

„Одричем се сваког демонског портала отвореног кроз безбожне медије. Одвајам своју душу од свих веза душе са познатим личностима, ствараоцима, ликовима и причама које је оснажио непријатељ."

1. **Обриши и уништи** : Физички и дигитално уклони садржај.
2. **Замените** побожним алтернативама - богослужењем, учењима, сведочанствима, здравим филмовима.

ДОДАТАК 3: Слободно зидарство, Кабала, Кундалини, Вештичарење, Скрипта окултног одрицања

„**Н**е учествујте у бесплодним делима таме..." — Ефесцима 5:11
Реци наглас:

У име Исуса Христа, одричем се сваке заклетве, ритуала, симбола и иницијације у било које тајно друштво или окултни ред — свесно или несвесно. Одбацујем све везе са:

- **Слободно зидарство** – Сви степени, симболи, крвне заклетве, клетве и идолопоклонство.
- **Кабала** – јеврејски мистицизам, читања Зохара, призивање дрвета живота или анђеоска магија.
- **Кундалини** – отварање трећег ока, јога буђења, змијски пламен и поравнања чакри.
- **Вештичарење и Ново доба** – астрологија, тарот, кристали, месечеви ритуали, путовање душе, реики, бела или црна магија.
- **Розенкројцери**, Илуминати, Лобања и кости, Језуитске заклетве, Друидски редови, Сатанизам, Спиритизам, Сантерија, Вуду, Вика, Телема, Гностицизам, Египатске мистерије, Вавилонски обреди.

Поништавам сваки завет склопљен у моје име. Прекидам све везе у својој крвној лози, у својим сновима или кроз везе душе. Предајем цело своје биће Господу Исусу Христу - дух, душу и тело. Нека се сваки демонски портал трајно затвори крвљу Јагњета. Нека се моје име очисти од сваког мрачног регистра. Амин.

ДОДАТАК 4: Водич за активацију уља за помазање

„**П**ати ли ко међу вама? Нека се моли. Болује ли ко међу вама? Нека позову старешине... помажући га уљем у име Господње." — Јаковљева 5:13–14

Како користити уље за помазање за ослобођење и владавину:

- **Чело** : Обнављање ума.
- **Уши** : Разликовање гласа Божијег.
- **Стомак** : Чишћење седишта емоција и духа.
- **Стопала** : Ход у божанску судбину.
- **Врата/Прозори** : Затварање духовних капија и чишћење домова.

Изјава приликом помазања:

„Освећујем овај простор и посуду уљем Светог Духа. Ниједан демон нема легалан приступ овде. Нека слава Господња обитава на овом месту."

ДОДАТАК 5: Одрицање од трећег ока и натприродног вида из окултних извора

Реци наглас:

„У име Исуса Христа, одричем се сваког отварања свог трећег ока — било кроз трауму, јогу, астрално путовање, психоделике или духовну манипулацију. Молим Те, Господе, да затвориш све илегалне портале и запечатиш их Исусовом крвљу. Ослобађам сваку визију, увид или натприродну способност која није дошла од Светог Духа. Нека сваки демонски посматрач, астрални пројектор или ентитет који ме прати буде ослепљен и везан у Исусово име. Бирам чистоту уместо моћи, интимност уместо увида. Амин."

ДОДАТАК 6: Видео ресурси са сведочанствима за духовни раст

1) почните од 1,5 минута - https://www.youtube.com/watch?v=CbFRdraValc

2) https://youtu.be/b6WBHAcwN0k?si=ZUPHzhDVnn1PPIEG
3) https://youtu.be/XvcqdbEIO1M?si=GBlXg-cO-7f09cR[1]
4) https://youtu.be/jSm4r5oEKjE?si=1Z0CPgA33S0Mfvyt
5) https://youtu.be/B2VYQ2-5CQ8?si=9MPNQuA2f2rNtNMH
6) https://youtu.be/MxY2gJzYO-U?si=tr6EMQ6kcKyjkYRs
7) https://youtu.be/ZW0dJAsfJD8?si=Dz0b44I53W_Fz73A
8) https://youtu.be/q6_xMzsj_WA?si=ZTotYKo6Xax9nCWK
9) https://youtu.be/c2ioRBNriG8?si=JDwXwxhe3jZlej1U
10) https://youtu.be/8PqGMMtbAyo?si=UqK_S_hiyJ7rEGz1
11) https://youtu.be/rJXu4RkqvHQ?si=yaRAA_6KIxjm0eOX
12) хттпс://youtu.be/nS_Insp7i_Y?si=ASKLVs6iYdZToLKH[2]
13) https://youtu.be/-EU83j_eXac?si=-jG4StQOw7S0aNaL
14) https://youtu.be/_r4Jyzs2EDk?si=tldAtKOB_3-J_j_C
15) https://youtu.be/KiiUPLaV7xQ?si=I4x7aVmbgbrtXF_S
16) https://youtu.be/68m037cPEu0?si=XpuyyEzGfK1qWYRt
17) хттпс://иоуту.бе/з4злп9_аРКг?си=ДР3лДYTт632Е96а6[3]
18) https://youtube.com/shorts/H_90n-QZU5Q?si=uLPScVXm81DqU6ds

---

1. https://youtu.be/XvcqdbEIO1M?si=GBlXg-c-O-7f09cR
2. https://youtu.be/nS_Insp7i_Y?si=ASKLVs6iYdZToLKH
3. https://youtu.be/z4zlp9_aRQg?si=DR3lDYTt632E96a6

ЗАВРШНО УПОЗОРЕЊЕ: Не можете се играти са овим

Ослобођење није забава. То је рат.
 Одрицање без покајања је само бука. Радозналост није исто што и позивање. Постоје ствари од којих се не опорављаш лежерно.
 Зато израчунајте цену. Ходајте у чистоти. Чувајте своја врата.
 Јер демони не поштују буку - само ауторитет.

www.ingramcontent.com/pod-product-compliance
Lightning Source LLC
Chambersburg PA
CBHW050340010526
44119CB00049B/622